Duits

Beginners

Bettina Schödel

Nederlandse bewerking door
Carine Caljon

Over dit boek

Met dit boek krijg je als beginner de Duitse basisspraakkunst onder de knie en ontdek je de woordenschat en idiomatische uitdrukkingen die nodig zijn bij eenvoudige uitwisselingen: naar iemands naam of leeftijd informeren en die vragen beantwoorden, een afspraak maken, je smaak of voorkeur uitdrukken, een berekening maken, kledingstukken en hun kleur benoemen enz.

In 30 korte hoofdstukken en meer dan 170 oefeningen verwerf je de basiskennis van de Duitse taal. Gemiddeld doe je 20 tot 40 minuten over een hoofdstuk, afhankelijk van de behandelde materie en je eigen inzet. Nadat we een grammaticaal onderwerp, een vervoeging of verbuiging hebben uitgelegd, bieden oefeningen en situatieschetsen je de mogelijkheid om alles, vaak op ludieke wijze, te assimileren.

Je kan je resultaten zelf evalueren: vul na elke oefening een "tevredenheidsicoontje" in (☺ bij meestal juiste antwoorden, 😐 bij ongeveer de helft juiste antwoorden en ☹ bij minder dan de helft), noteer op het einde van elk hoofdstuk hoeveel van deze icoontjes je in de gemaakte oefeningen hebt behaald en maak aan het einde van het boek de balans op door deze aantallen over te brengen naar de hiervoor bestemde tabel.

Inhoud

Uitspraak en spelling 3
1. Onvoltooid tegenwoordige tijd 5
2. Persoonlijke voornaamwoorden 8
3. Waar/waarheen/waarvandaan? — Plaatsnamen ... 12
4. Imperatief 16
5. Nominatief 20
6. Hoofdtelwoorden 24
7. Rangtelwoorden 28
8. Geslacht en meervoud van zelfstandige naamwoorden 32
9. Accusatief 36
10. Vragen 40
11. Antwoorden 44
12. Datief 48
13. Bezittelijke voornaamwoorden 52
14. Modale werkwoorden 56
15. Voltooid tegenwoordige tijd 60
16. Onvoltooid verleden tijd 64
17. Toekomende tijd 68
18. Zinsbouw — volgorde lijdend/meewerkend voorwerp ... 72
19. Zinsbouw — hoofdzin/bijzin 76
20. Voorzetsels met accusatief/datief 80
21. Genitief 84
22. Wederkerende werkwoorden 88
23. Scheidbare/onscheidbare werkwoorden 92
24. Werkwoorden met een vast voorzetsel 96
25. Vergelijken 100
26. Smaak en voorkeur 104
27. Voorwaardelijke wijs 106
28. Beknopte bijzinnen 110
29. Betrekkelijke bijzinnen 114
30. Passieve vorm 118

Uitspraak en spelling

Extra letter in het alfabet

- Het Duitse alfabet bevat een extra letter: de **ß** [ès tsèt], die als een **s** klinkt. De voorliggende klinker(combinatie) wordt lang uitgesproken.

  Voorbeeld: **groß** *groot* → klinkt als [Groos].

Spelling

- In het Duits worden álle zelfstandige naamwoorden met een hoofdletter geschreven, bv.: **Mein Name ist ...** *Mijn naam is ...*

  Let hier goed op, want een kleine letter i.p.v. een hoofdletter aan, bijvoorbeeld, een soortnaam, geldt als een spelfout!

Klinkers en tweeklanken

- Boven een **a**, **o** en **u** kan een **umlaut** (um = om, Laut = klank) staan, wat de uitspraak bepaalt:
  a → [a(a)]   ä → zoals in b<u>e</u>k, cr<u>è</u>me, b<u>ee</u>t
  o → [o(o)]   ö → korte/lange [eu]
  u → [oe]!   ü → [uu].

- Let ook op de uitspraak van de volgende klinkercombinaties:
  ei → [ai]
  äu / eu → [oi].

1 In onderstaande woorden hebben we de klinkerklanken weergegeven in klankschrift; leid hun spelling af (let op, want bij sommige hoeft er niets te veranderen!):

a. scheun *mooi*

b. goet *goed*

c. spèt *laat*

d. fruuh *vroeg*

e. bald *gauw, binnenkort*

f. schon *al*

g. main *mijn*

h. frau *vrouw*

i. noi *nieuw*

j. danke *bedankt*

UITSPRAAK EN SPELLING

Medeklinkers en medeklinkercombinaties

Hou rekening met een aantal verschillen met de Nederlandse uitspraak:

letter	uitspraak	voorbeeld
c	als [ts]; als [k]	→ **Cent** [tsènt] *cent;* **Cousine** [koeziene] *nicht*
ch	als [k] in leenwoorden en vóór **s**	→ **Lachs** [laks] *zalm*
g	**g-, -g-** zoals in 'girl' of 'garçon' [G]; **-g** als [k], tenzij in **-ig**	→ **gegen** [GeGen] *tegen;* **Tag** [taak] *dag,* **König** [keunich] *koning*
h	na een klinker verlengt een **h** die klank	→ **sehr** [zeer] *zeer, erg, heel*
-n	een eind-**n** wordt altijd uitgesproken	→ **guten Morgen** [Goeten morGen] *goedemorgen*
s	als [z] vóór een klinker	→ **also** [alzo] *dus*
	zoals [sj] in 'meisje' vóór een **p** of **t**	→ **Sport** [sjport] *sport,* **Stadt** [sjtat] *stad*
sch	zoals [sj] in 'meisje'	→ **schön** [sjeun] *mooi*
v	neigt naar [f]	→ **viel** [fiel] *veel*
w	neigt naar [v]	→ **was** [vas] *wat*
z/tz	als [ts]	→ **Zeit** [tsait] *tijd*
ß	als [s]	→ **Straße** [sjtrase] *straat*

② Je eerste Duitse zinnetjes; noteer de uitspraak van de blauwe letter(combinatie)s:

a. G**u**ten Tag. M**ei**n Name ist **S**arah.
Goedendag. Mijn naam is Sarah.

u → .... ei → .... s → ....

b. I**ch** bin 23 (dreiundzwan**z**ig) J**ah**re alt.
Ik ben 23 jaar (letterlijk jaren) oud.

ch → .... z → .... ah → ....

c. Ich bin D**eu**t**sch**e und **woh**ne in Berlin.
Ik ben Duitse en woon in Berlijn.

eu → .... sch → ...... woh → ....

d. Ich m**uss** los. **Auf W**iedersehen!
Ik moet weg. Tot (weer)ziens!

uss → ....
auf → ....
w → ....
s → ....

1
Onvoltooid tegenwoordige tijd

Gebruik en vervoeging

Net als de Nederlandse onvoltooid tegenwoordige tijd (o.t.t.) drukt het **Präsens** een algemeen feit, een gebeurtenis, een gewoonte enz. uit.

- **De infinitief** van werkwoorden gaat uit op **-en** (uitzonderlijk op **-n**, bv. **sein**).
- **Vervoeging van regelmatige werkwoorden:**
  → werkwoordstam, bv. **komm-** bij **kommen** (*komen*) + persoonsuitgang **-e, -st, -t, -en, -t** (de 2e persoon meervoud heeft dus een eigen vorm) of **-en**.
- **Vervoeging van onregelmatige werkwoorden:** sommige werkwoorden waarvan de stam een **a** of **e** bevat, ondergaan in de **2e en 3e persoon enkelvoud** een **klinkerwisseling** (de andere personen worden vervoegd zoals bij regelmatige werkwoorden) →
  - **a** wordt **ä**, zoals bij **fahren** (*rijden, varen, (met een voertuig) gaan*) - **du fährst, er fährt**
  - **e** wordt **i/ie**, zoals bij **geben** (*geven*) - **du gibst** / **sehen** (*zien*) - **du siehst**.

	komm**en**	geb**en**	fahr**en**
ich *ik*	komm**e**	geb**e**	fahr**e**
du *je*	komm**st**	g**i**b**st**	f**ä**hr**st**
er/sie/es *hij/ze/het*	komm**t**	g**i**b**t**	f**ä**hr**t**
wir *we*	komm**en**	geb**en**	fahr**en**
ihr *jullie*	komm**t**	geb**t**	fahr**t**
sie/Sie *ze/u*	komm**en**	geb**en**	fahr**en**

❶ Vul de juiste persoonsuitgangen aan:

a. Hallo, was mach…… du?
Hallo, wat doe je?

b. – Leise! Ich lern…… Deutsch.
Stil! Ik leer Duits.

c. – Das ist sehr gut. Und Paul? Was mach…… er?
Dat is heel goed. En Paul? Wat doet hij?

d. – Leise! Ich schlaf……!
Stil! Ik slaap!

ONVOLTOOID TEGENWOORDIGE TIJD

2 Vul de tabel aan met o.t.t.-vormen:

	ich	du	er/sie/es	wir	ihr	sie/Sie
wohnen *wonen*	wohne		wohnt			
sprechen *spreken*		sprichst			sprecht	
machen *maken, doen*			macht			machen
sehen *zien*			sieht	sehen		
sagen *zeggen*		sagst			sagt	
gehen *gaan*	gehe				geht	

Een paar fonetische bijzonderheden

• **Regelmatige werkwoorden** waarvan de stam eindigt op o.a. **-d** of **-t** krijgen een eufonische **e** ingelast in de 2e en 3e persoon enkelvoud en in de 2e persoon meervoud, bv.:
baden (*baden, een bad nemen*) → ich bade, du bad**e**st, er/sie/es bad**e**t, wir baden, ihr bad**e**t, sie baden.

• **Regelmatige en onregelmatige werkwoorden** waarvan de stam eindigt op o.a. **-s**, **-z** of **-ß** krijgen er in de 2e persoon enkelvoud alleen een **t** bij, bv.:
blasen (*blazen*) → ich blase, du bläs**t**, er/sie/es bläst, wir blasen, ihr blast, sie blasen.

3 Vul de tabel aan met o.t.t.-vormen:

	ich	du	er/sie/es	wir	ihr	sie/Sie
arbeiten *werken*	arbeite					arbeiten
heißen *heten*				heißen	heißt	
lesen *lezen*			liest			lesen

ONVOLTOOID TEGENWOORDIGE TIJD

Sein en haben

	sein	haben
ich	bin	habe
du	bist	hast
er/sie/es	ist	hat
wir	sind	haben
ihr	seid	habt
sie/Sie	sind	haben

'Zijn' en 'hebben' hebben een onregelmatige vervoeging.

4 Vul aan met de juiste o.t.t.-vorm van het werkwoord **SEIN** *zijn* of **HABEN** *hebben*:

a. Wer .... du? – Ich .... Paula.
Wie ben je? – Ik ben Paula.

b. Wo .... ihr? – Wir .... hier.
Waar zijn jullie? – We zijn hier.

c. Du .... Glück, ich .... Pech.
Jij hebt geluk, ik heb pech.

d. .... ihr alles? – Ja, wir .... alles.
Hebben jullie alles? – Ja, we hebben alles.

5 Vertaal de volgende vragen:

a. Hoe oud bent u?
→ ....

b. Ik ben 19.
→ ....

c. Hoe oud is zij?
→ ....

d. Ze is 19.
→ ....

Leeftijd

- **Wie alt bist du?** *Hoe oud ben je?*
- Antwoord: **Ich bin** + aantal jaren, bv. **Ich bin 19 (neunzehn) (Jahre alt).** *Ik ben 19 (jaar (mv.) oud).*

Bravo, je bent klaar met hoofdstuk 1! Tijd om de icoontjes op te tellen en het resultaat over te brengen naar pagina 128 voor je eindevaluatie.

2
Persoonlijke voornaamwoorden

Gebruik

ich	du	er/sie/es	wir	ihr	sie/Sie
ik	*jij, je*	*hij / zij, ze / het*	*wij, we*	*jullie*	*zij, ze / u*

Let op:

- **sie** wordt net als het Nederlandse *zij, ze* gebruikt in het vrouwelijk enkelvoud en in het meervoud;

- **Sie**, geschreven met een **hoofdletter**, is in het Duits de **beleefdheidsvorm**, waarmee je één of meer personen beleefd aanspreekt; let er hierbij ook op dat het werkwoord in de **3e persoon meervoud** vervoegd wordt!

Voorbeeld:
Wer ist sie? *Wie is ze?* en **Wer sind sie?** *Wie zijn ze?*, maar **Wer sind Sie?** = *Wie bent u?*

1 Vul aan met het juiste persoonlijk voornaamwoord:

a. Ja, ……………………………… kommt. *Ja, ze komt.*

b. Ja, ……………………………… kommt. *Ja, hij komt.*

c. ……………………………… kommen nicht. *Ze komen niet.*

d. Kommen ………………………………? *Komt u?*

e. Kommen ……………………………… auch? *Komen ze ook?*

f. Kommt ……………………………… ? *Komen jullie?*

PERSOONLIJKE VOORNAAMWOORDEN

2 Vul aan met de juiste persoonlijke voornaamwoorden; let op, bij sommige werkwoordsvormen past meer dan één voornaamwoord, noteer ze dan allemaal:

a. **fahren** →
.... fährt
.... fahre
.... fährst

b. **sprechen** →
.... sprechen
.... spricht
.... sprichst

c. **sein** →
.... bin
.... bist
.... seid

d. **haben** →
.... hat
.... habt
.... haben

3 Vervang het onderstreepte zinsdeel door een persoonlijk voornaamwoord:

a. <u>Der Junge</u> ist süß. *De jongen is schattig, lief* (lett. *zoet*).
→ .... ist süß.

b. <u>Das Buch</u> ist interessant. *Het boek is interessant.*
→ .... ist interessant.

c. <u>Die Dame</u> wohnt hier. *De dame woont hier.*
→ .... wohnt hier.

d. <u>Die Kinder</u> sprechen Deutsch. *De kinderen spreken Duits.*
→ .... sprechen Deutsch.

Formeel/informeel

- Het gebruik van **du** *jij/je*, **ihr** *jullie* en **Sie** *u* is vergelijkbaar in beide talen. En net als in het Nederlands zijn sommige begroetingsformules in het Duits verschillend naargelang je je formeel of informeel tot iemand richt:

- **Hallo!** *Hallo, hoi!* en **Tschüss!** *Dáág, doei!* horen bij **du/ihr**, **Guten Tag!** *Goedendag!* en **Auf Wiedersehen!** *Tot ziens!* bij **Sie**;

- bij **Guten Morgen!** *Goedemorgen!* en **Gute Nacht!** *Goedenacht!* wordt geen onderscheid gemaakt.

PERSOONLIJKE VOORNAAMWOORDEN

4 Hieronder staan twee dialogen, de eerste is informeel, de tweede formeel; vul ze aan en gebruik hiervoor de juiste vervoegingsvorm van de volgende werkwoorden:

kommen gehen wohnen heißen

du/*jij*

a. Hallo, ich .... Paul!
Und wie .... du?
Hallo, ik heet Paul! En hoe heet jij?

b. Woher .... du?
– Ich .... aus Bonn.
Waar kom je vandaan? – Ik kom uit Bonn.

c. Wo .... du?
– Ich .... in Berlin.
Waar woon je? – Ik woon in Berlijn.

d. Wohin .... du?
– Nach Hause. Tschüss!
Waar ga je heen? – Naar huis. Dáág!

Sie/*u*

e. Guten Tag, wie .... Sie.
– Paul Schmidt. Und Sie?
Goedendag, hoe heet u?
– Paul Schmidt. En u?

f. Woher .... Sie?
– Ich .... aus Aachen.
Waar komt u vandaan? – Ik kom uit Aken.

g. Wo .... Sie?
– Ich .... in München.
Waar woont u? – Ik woon in München.

h. Wohin .... Sie?
– Nach Hause. Auf Wiedersehen!
Waar gaat u heen? – Naar huis. Tot ziens!

PERSOONLIJKE VOORNAAMWOORDEN

Man *men*

Net als in het Nederlands wordt bij het onpersoonlijke **man** *men* een werkwoord in de 3e persoon enkelvoud vervoegd, bv.
→ **man macht**
  men maakt/doet.

5 Vertaal de volgende zinnetjes:

a. Men zegt.
→ ....

b. Men heeft.
→ ....

c. Men ziet.
→ ....

d. Men geeft.
→ ....

e. Men leest.
→ ....

f. Men gaat.
→ ....

Bravo, je bent klaar met hoofdstuk 2! Tijd om de icoontjes op te tellen en het resultaat over te brengen naar pagina 128 voor je eindevaluatie.

Waar/waarheen/waarvandaan? – Plaatsnamen

Vragen waar men is, waar men heen gaat, waar men vandaan komt

- Wo = **waar**, bv.
→ **Wo bist du?**
  Waar ben je?

- Wohin = **waarheen, waarnaartoe**, bv.
→ **Wohin fährst du?**
  Waar rijd je heen/naartoe?

- Woher = **waarvandaan, van waar**, bv.
→ **Woher kommst du?**
  Waar kom je vandaan, Van waar kom je?

1 Vertaal de zinnen en gebruik hierbij de vraagwoorden WO, WOHIN of WOHER:

a. Waar rijden ze naartoe?
→ ....

b. Waar woont u?
→ ....

c. Waar komen jullie vandaan?
→ ....

d. Waar werk je?
→ ....

e. Waar komt ze vandaan?
→ ....

WAAR/WAARHEEN/WAARVANDAAN? – PLAATSNAMEN

Voorzetsels van plaats

In een antwoord op de vragen op p. 12 wordt gebruikgemaakt van de volgende voorzetsels van plaats (m.b.t. landen, steden enz.):

- **in** = *in* in een antwoord op de vraag **wo?**, bv.
  → Ich bin **in Berlin.** *Ik ben in Berlijn.*

- **nach** = *naar* in een antwoord op de vraag **wohin?**, bv.
  → Ich fahre **nach Berlin.** *Ik rijd naar Berlijn.*

- **Aus** = *uit* in een antwoord op de vraag **woher?**, bv.
  → Ich komme **aus Berlin.** *Ik kom uit, ben afkomstig uit Berlijn.*

Vervolg op p. 14.

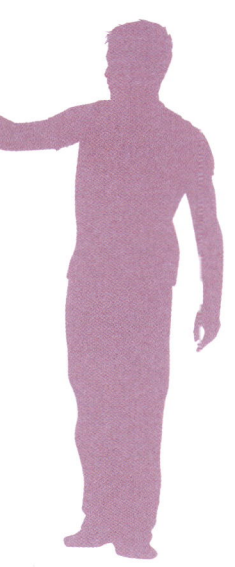

2 Vul de zinnen aan met het passend voorzetsel:

a. Ich bin .... Berlin.

b. Ich fliege *(vlieg)* morgen .... Paris.

c. Wann *(Wanneer)* fliegen Sie .... New York?

d. Sabine wohnt .... Brüssel.

e. Wir arbeiten .... Berlin.

f. Fährst du .... Amsterdam?

g. Uta kommt .... New York.

WAAR/WAARHEEN/WAARVANDAAN? – PLAATSNAMEN

Voorzetsels van plaats bij plaatsnamen met een lidwoord

Bepaalde landsnamen worden gebruikt met een lidwoord ervoor en dat heeft een invloed op het voorzetselgebruik.

Zo is er o.a. **die Schweiz** *Zwitserland*, **die Türkei** *Turkije,* **die USA** *de VS (Verenigde Staten).*

Deze lidwoorden kunnen veranderen van vorm en 'verbogen' worden (later meer hierover), bv.:

- Wo bist du? – Ich bin **in der Schweiz** / **in der Türkei** / **in den USA**. *Waar ben je? – Ik ben in Zwitserland / in Turkije / in de VS.*

- Wohin fährst du? – Ich fahre **in die Schweiz** / **in die Türkei** / **in die USA**. *Waar ga je naartoe? – Ik ga naar Zwitserland / naar Turkije / naar de VS.*

- Woher kommst du? – Ich komme **aus der Schweiz** / **aus der Türkei** / **aus den USA**. *Waar kom je vandaan? – Ik kom uit Zwitserland / uit Turkije / uit de VS.*

3 Vertaal de volgende zinnen.

a. Ze werkt in Zwitserland.
→ ....

b. Hij woont in de VS.
→ ....

c. We komen uit Turkije.
→ ....

d. Hij rijdt naar Zwitserland.
→ ....

Steden en landen

Veel stads- en landsnamen hebben dezelfde stam in het Nederlands en Duits.

De stad = **die Stadt**, *het land* = **das Land**.

Bij heel wat landsnamen is het element **-land** of **-reich** herkenbaar, bv. **Frankreich** *Frankrijk*.

WAAR/WAARHEEN/WAARVANDAAN? – PLAATSNAMEN

4 Onderstaande plaats- en taalnamen zijn heel herkenbaar. Vorm trio's van bij elkaar horende STAD/LAND/TAAL. Sommige talen komen in meer dan één combinatie voor en andere horen nergens bij!

Berlin •	• Spanien •	• Italienisch
London •	• Frankreich •	• Japanisch
Paris •	• China •	• Griechisch
Athen •	• Irland •	• Russisch
Madrid •	• England •	• Chinesisch
Peking •	• Deutschland •	• Französisch
Tokyo •	• Brasilien •	• Deutsch
Moskau •	• Japan •	• Baskisch
Rom •	• Russland •	• Arabisch
Lissabon •	• Österreich •	• Holländisch
Rio de Janeiro •	• Griechenland •	• Dänisch
Wien •	• Italien •	• Portugiesisch
Bonn •	• Portugal •	• Englisch
Dublin •	• Schweden •	• Spanisch

Wist je dit?
Nederland = **die Niederlande**, België = **Belgien**, Vlaanderen = **Flandern**; Nederlands = **Niederländisch**; Belg/Belgische = **Belgier/Belgierin**, Nederlander/-se = **Niederländer/Niederländerin**.

5 Onderstaande Duitse plaatsnamen zien er lichtjes anders uit dan hun Nederlandse versie. Ken je de vertaling?

a. Köln → ....
b. Bayern → ....
c. Lothringen → ....
d. Wien → ....
e. der Rhein → ....
f. das Elsass → ....

Bravo, je bent klaar met hoofdstuk 3! Tijd om de icoontjes op te tellen en het resultaat over te brengen naar pagina 128 voor je eindevaluatie.

Imperatief

Gebruik en vervoeging

Met de imperatief (gebiedende wijs) wordt een bevel (of ook een verbod) uitgedrukt.

Deze wijs wordt gebruikt in de 2e persoon enkelvoud en meervoud, en in de beleefdheidsvorm **Sie**. Bij de formele vorm staat het persoonlijk voornaamwoord achter het werkwoord. Er is ook een vorm in de 1e persoon meervoud, maar die is minder gebruikelijk en wordt in dit boek niet behandeld.

	gehen	**geb**en	**fahr**en	**arbeit**en	**sei**n
du	Geh(e)!	Gib!	Fahr(e)!	Arbeite	Sei…!
ihr	Geht!	Gebt!	Fahrt!	Arbeitet!	Seid…!
Sie	Gehen Sie!	Geben Sie!	Fahren Sie!	Arbeiten Sie!	Seien Sie…!

- De meeste werkwoorden vormen de imperatief als volgt: **werkwoordstam** (infinitief zonder **-en**, uitzonderlijk **-n**) + **imperatiefuitgang** **-(e)**, **-(e)t**, **-en**.

  Wat de uitgang **-e** in de 2e persoon enkelvoud betreft:
  - deze is **verplicht** bij o.a. werkwoorden met een stam op **-d** of **-t** zoals **arbeiten**, maar
  - **facultatief** bij werkwoorden **zonder klinkerwisseling** in de imperatief zoals **gehen** of **fahren**, al is tegenwoordig de vorm zonder **-e** gebruikelijker → Geh! Fahr!

- Werkwoorden die de klinkerwisseling **e** → **i** of **ie** ondergaan in de o.t.t. behouden deze wisseling in de imperatief in de **2e persoon enkelvoud, zonder -e**, bv. g**e**ben → g**i**b!;
  werkwoorden met de klinkerwisselling **a** → **ä** in de o.t.t. vormen hun imperatief **zonder umlaut**, bv. f**a**hren → f**a**hr(e)!

- Let op bij de imperatief in de **2e persoon meervoud**: die van **sein** gaat uit op **-d** i.p.v. op **-t** en die van werkwoorden op **-d/-t** krijgen een **e** ingelast!

IMPERATIEF

1 Geef de drie imperatiefvormen van de volgende twee werkwoorden:

a. **kommen:** ....
....
....
....

b. **sprechen:** ....
....
....
....

2 Vul de tabel aan:

2e persoon enkelvoud	2e persoon meervoud	beleefdheidsvorm
....	....	Passen Sie auf! *Past/Let u op!*
....	Geht weg! *Gaan jullie weg!*	....
Bleib nicht da! *Blijf daar niet!*	....	....
....	Macht das! *Maken/Doen jullie dat!*	....

3 Vul de volgende zinnen aan met de passende imperatiefvorm van **SEIN**:

a. .... pünktlich! *Wezen jullie stipt!*
b. .... nicht traurig! *Wees niet treurig!*
c. .... leise! *Weest u stil!*
d. .... ehrlich! *Wees eerlijk!*

IMPERATIEF

De weg vragen/wijzen

- Iemand de weg vragen, gebeurt vaak als volgt:
Entschuldigung! Wie komme ich zum Bahnhof / zur Post / zum Krankenhaus / zum Schwimmbad / zum Marktplatz / zum Kino? *Excuseer! Hoe kom ik bij, ga ik naar het station / de post / het ziekenhuis / het zwembad / het marktplein / de bioscoop?*
Later meer over het gebruik van **zum** en **zur**...

- In het antwoord wordt meestal de imperatief gebruikt, bv.:
Nehmen Sie / Nimm die erste Straße links... dann die zweite rechts. *Neemt u / Neem de eerste straat links... dan de tweede rechts.*
Gehen Sie / Geh (immer) geradeaus bis zum Kino. *Gaat u / Ga (almaar) rechtdoor tot aan de bioscoop.*

4 Vertaal de volgende aanwijzingen:

a. Gaat u rechtdoor tot aan het marktplein en neemt u de tweede straat links.
→ ....

b. Neem de tweede straat rechts en ga almaar rechtdoor tot aan de bioscoop.
→ ....

c. Neemt u de eerste straat rechts, dan de tweede links, dan de eerste rechts.
→ ....

5 DORT IST ... *Daar is ...* Schrijf de naam van de plaats onder de illustraties (de lidwoorden zullen we op p. 20 behandelen):

a. ....

b. ....

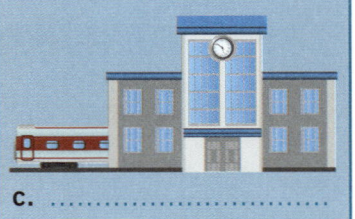
c. ....

d. ....

e. ....

f. ....

6 Vertaal de imperatiefvormen en vul er het kruiswoordraadsel mee in:

	1	2	3	4	5	6	7	8
A								
B							A	
C								
D					L			
E								
F								
G				G				
H								
I							B	
J								
K			I					
L								
M		G						

Vertikaal:
3G Werk!
5D Lezen jullie!
7A Rijd!

Horizontaal:
5D Leer!
2G Zeggen jullie!
3I Blijven jullie!
2K Lees!
2M Ga!

Bravo, je bent klaar met hoofdstuk 4! Tijd om de icoontjes op te tellen en het resultaat over te brengen naar pagina 128 voor je eindevaluatie.

5 Nominatief

Naamvallen

Duits is een taal met verbuigingen, dit wil zeggen dat een zelfstandig naamwoord, een bijvoeglijk naamwoord, een lidwoord of een voornaamwoord kan veranderen van vorm al naargelang de naamval. In het Duits zijn er 4 naamvallen: de nominatief, de accusatief (zie p. 36), de datief (zie p. 48) en de genitief (zie p. 84). Welke naamval moet gebruikt worden, hangt af van de functie van een woord(groep) in de zin of van het voorzetsel dat ervoor staat.

Gebruik en verbuiging

	bepaald lidwoord	onbepaald lidwoord	zonder lidwoord
mannelijk	d**er** jung**e** Mann	**ein** jung**er** Mann	jung**er** Mann
vrouwelijk	d**ie** jung**e** Frau	**eine** jung**e** Frau	jung**e** Frau
onzijdig	d**as** jung**e** Mädchen	**ein** jung**es** Mädchen	jung**es** Mädchen
meervoud	d**ie** jung**en** Männer/Frauen/Mädchen	jung**e** Männer/Frauen/Mädchen	jung**e** Männer/Frauen/Mädchen

De 1e naamval, de **nominatief**, wordt gebruikt voor het **onderwerp** van de zin:
- **mannelijk enkelvoud: Der junge Mann** kommt aus Berlin. *De jongeman komt uit Berlijn.*
- **vrouwelijk enkelvoud: Die junge Frau** heißt Sabine Müller. *De jongedame heet Sabine Müller.*
- **onzijdig enkelvoud: Das junge Mädchen** ist hübsch. *Het jonge meisje is mooi, leuk,....*
- mannelijk/vrouwelijk/onzijdig **meervoud**: lidwoord → **die**, bv. **Die jungen Mädchen sprechen gut Deutsch.** *De jonge meisjes spreken goed Duits.*

- Net als in het Nederlands is er geen onbepaald lidwoord in het meervoud, bv. **eine junge Frau - junge Frauen** *een jonge vrouw - jonge vrouwen*, maar:
- er wordt bij het onbepaald lidwoord wel onderscheid gemaakt naar geslacht: mannelijk/onzijdig → **ein**, vrouwelijk → **eine**.

Let dus goed op geslacht en getal van het zelfstandig naamwoord en bijgevolg op de verbuigingsuitgang van het lidwoord en van het bijvoeglijk naamwoord!

NOMINATIEF

1 TRANSPORTMIDDELEN; vul het passende (on)bepaald lidwoord aan (het geslacht wordt tussen haakjes aangeduid: M = mannelijk, O = onzijdig en V = vrouwelijk):

a. .... Zug **(M)** *de trein*
b. .... Flugzeug **(O)** *een vliegtuig*
c. .... Bahnhof **(M)** *het station*
d. .... Flughafen **(M)** *de luchthaven*
e. .... U-Bahn **(V)** *de metro*
f. .... Auto **(O)** *een auto*
g. .... Fahrrad **(O)** *een fiets*
h. .... Wagen **(M)** *de wagen, auto*
i. ...... Motorrad **(O)** *de motor(fiets)*
j. ...... Schiff **(O)** *het schip*

2 Vul waar nodig de verbuigingsuitgang aan (M = mannelijk, V = vrouwelijk, O = onzijdig, MV = meervoud):

a. D...... nächst...... Zug **(M)** fährt um 10 Uhr.
De volgende trein vertrekt om 10 uur.

b. Da kommt ein...... Taxi **(O)**.
Daar komt een taxi [aan].

c. Wie viel kostet ein...... Fahrkarte **(V)** nach Bonn?
Hoeveel kost een kaartje naar Bonn?

d. Wo ist d...... nächst...... Bushaltestelle **(V)**?
Waar is de dichtst[bijzijnd]e bushalte[plaats]?

e. Das sind billig...... Plätze **(MV)**.
Dat zijn goedkope plaatsen.

3 Vul de verbuigingsuitgangen aan:

a. enkelvoud: d..... alt..... Flugzeug
→ **ein altes Flugzeug** *een oud vliegtuig*

b. meervoud: d..... alt..... Flugzeuge
→ alt..... Flugzeuge

c. enkelvoud: d..... alt..... Bahnhof
→ **ein alter Bahnhof** *een oud station*

d. meervoud: d..... alt..... Bahnhöfe
→ alt..... Bahnhöfe

e. enkelvoud: **die neue U-Bahn** *de nieuwe metro*
→ ein..... neu..... U-Bahn

f. meervoud: d..... neu..... U-Bahnen
→ neu..... U-Bahnen

g. enkelvoud: **der große Flughafen** *de grote luchthaven*
→ ein..... groß..... Flughafen

h. meervoud: d..... groß..... Flughäfen
→ groß..... Flughäfen

NOMINATIEF

> ### Vragende voornaamwoorden
>
> *Wie?* = **wer?** (in de nominatief) en
> *wat?* = **was?**, bv.:
> Wer ist da? *Wie is daar?*
> Was ist das? *Wat is dat?*

4 Vul aan met **WER** of **WAS**:

a. .... ist das? → Das ist der neue Flughafen.

b. .... ist das? → Das ist der Briefträger *(postbode)*.

c. .... ist das? → Das ist Paul Maier.

d. .... ist das? → Das ist ein Buch *(boek)*.

> ### De aanwijzende voornaamwoorden
> *dieser, diese* enz. (deze/dit)
>
> | | | |
> |---|---|---|
> | mannelijk | dies**er** | jung**e** Mann |
> | vrouwelijk | dies**e** | jung**e** Frau |
> | onzijdig | dies**es** | jung**e** Mädchen |
> | meervoud | dies**e** | jung**en** Männer/Frauen/Mädchen |
>
> Deze aanwijzende voornaamwoorden hebben dezelfde verbuiging als **der, die, das** (zie tabel p. 20).

5 Vervang de bepaalde/onbepaalde lidwoorden door een aanwijzend voornaamwoord en pas waar nodig het bijvoeglijk naamwoord aan:
Voorbeeld: **der** jung**e** Mann → **dieser** jung**e** Mann / **ein** jung**er** Mann → **dieser** jung**e** Mann.

a. **die** jung**e** Frau → ....
....

b. **ein** klein**es** Mädchen → ....
....

c. **die** klein**en** Kinder → ....
....

NOMINATIEF

Bijvoeglijke naamwoorden

- Een bijvoeglijk naamwoord richt zich naar het zelfstandig naamwoord waar het vóór staat:
  Der gro<u>ß</u>**e** Tisch ist...
  De grote tafel is...
  Die gro<u>ß</u>**en** Tische sind...
  De grote tafels zijn...

- Bij bijwoordelijk gebruik of in combinatie met een koppelwerkwoord is een bijvoeglijk naamwoord onveranderlijk:
  Der Tisch ist <u>groß</u>.
  De tafel is groot.
  Die Tische sind <u>groß</u>.
  De tafels zijn groot.

6 Leid uit onderstaande zinnen structuren met 'lidwoord + bijvoeglijk naamwoord + zelfstandig naamwoord' af:

a. Das Flugzeug ist alt. → ....
b. Der Zug ist neu. → ....
c. Die Kinder sind klein → ....
d. Die Frau ist hübsch. → ....

7 DAS IST/SIND ... DAT IS/ZIJN ... Vul de verbuiging van de lidwoorden en bijvoeglijke naamwoorden aan (M = mannelijk, V = vrouwelijk, O = onzijdig, MV = meervoud):

a. Das ist ein .... gut .... Tipp **(M)**. *Dat is een goede tip.*

b. Das ist ein .... toll .... Idee **(V)**. *Dat is een geweldig idee.*

c. Das ist d .... letzt .... Mal **(O)**. *Dat is de laatste keer.*

d. Das sind alt .... Geschichten **(MV)**. *Dat zijn oude verhalen.*

Bravo, je bent klaar met hoofdstuk 5! Tijd om de icoontjes op te tellen en het resultaat over te brengen naar pagina 128 voor je eindevaluatie.

6
Hoofdtelwoorden

Cijfers en getallen

0 null	10 zehn	20 zwanzig	30 dreißig	100 hundert
1 eins	11 elf	21 einundzwanzig	40 vierzig	200 zweihundert
2 zwei	12 zwölf	22 zweiundzwanzig	45 fünfundvierzig	1 000 tausend
3 drei	13 dreizehn	23 dreiundzwanzig	50 fünfzig	10 000 zehntausend
4 vier	14 vierzehn	24 vierundzwanzig	60 sechzig	100 000 hunderttausend
5 fünf	15 fünfzehn	25 fünfundzwanzig	70 siebzig	1 000 000 eine Million
6 sechs	16 sechzehn	26 sechsundzwanzig	78 achtundsiebzig	
7 sieben	17 siebzehn	27 siebenundzwanzig	80 achtzig	
8 acht	18 achtzehn	28 achtundzwanzig	90 neunzig	
9 neun	19 neunzehn	29 neunundzwanzig	99 neunundneunzig	

- **Eins** wordt op zich gebruikt (bv. bij het tellen); in een getal of vóór een naamwoord wordt **ein** gebruikt.

- Van **13 tot 19**: eenheid + tien, maar let op bij 16 en 17 → 6 = sech<u>s</u>, maar 16 = sechzehn <u>zonder -s</u>; 7 = sieb<u>en</u>, maar 17 = siebzehn <u>zonder -en</u>.

- Van **20 tot 90** eindigen tientallen op **-zig**, behalve **dreißig**; let op bij 60 en 70 → <u>sech</u>zig en <u>sieb</u>zig.

- Van **21 tot 99**: zelfde structuur als in het Nederlands, met **und** en → 28 = acht<u>und</u>zwanzig *achtentwintig*.

- Tot **999 999** worden getallen aan elkaar geschreven.

- **Vanaf duizend** staat er een spatie achter het cijfer dat het duizendtal uitdrukt en tussen groepen van drie cijfers → 4 563 viertausendfünfhundertdreiundsechzig; 4 563 674.

HOOFDTELWOORDEN

① Wie viel kostet es? *Hoeveel kost het?* Schrijf de prijzen voluit in letters. **Es kostet ... Euros** (mv.). *Het kost ... euro.*

a. 25 €: ....

b. 560 €: ....

c. 78 €: ....

d. 6 396 €: ....

② Schrijf de aantallen in cijfers:

a. siebenhundertzweiunddreißig: ....

b. dreitausendfünf: ....

c. viertausendachthundertzweiundachtzig: ....

d. eine Million achthunderttausendsechshundertzwölf *(miljoen)*: ....

Rekenkundige symbolen

+ plus   / durch
− minus = gleich
x mal

③ Schrijf de berekeningen in letters:

a. 72 / 6 = ...
....

b. 2 367 − 500 = ...
....

c. 1 243 + 305 = ...
....

d. 7 x 9 = ...

HOOFDTELWOORDEN

Hoe laat?

- **Vragen hoe laat het is** kan in het Duits met:
  Wie spät ist es? of
  Wie viel Uhr ist es? *(lett. Hoe veel uur is het?)*
  Hoe laat is het?

  Zeggen hoe laat het is:
  Es ist ... (Uhr).
  Het is ... uur.
  (Uhr (met hoofdletter geschreven!) wordt alleen bij volle uren uitgedrukt).

- In de omgang worden doorgaans de cijfers/getallen van 1 tot 12 gebruikt.

- **Nach** = *na, over*; **vor** = *voor*,
  Viertel (met hoofdletter!) = *kwart*, bv.
  Viertel nach/vor zwei = *kwart na, over / voor twee*;
  halb = *half*, bv.
  Es ist halb drei. *Het is halfdrie.*

- Voor officiële uurregelingen (trein, bus enz.) gebruikt men de cijfers/getallen van 0 tot 24, bv.
  acht Uhr zehn *acht uur tien*, **acht Uhr fünfundvierzig** *acht uur vijfenveertig*.

- **Mittag** = *12 uur 's middags*,
  Mitternacht = *middernacht*.

---

4 Vul het uur in op de wekkerschermen:

a. `88:88` Es ist halb sieben.
   (*'s morgens*)

b. `88:88` Es ist zwanzig vor zehn.
   (*'s morgens*)

c. `88:88` Es ist Viertel nach acht.
   (*'s avonds*)

d. `88:88` Es ist Mitternacht.

HOOFDTELWOORDEN

5 Schrijf de tijdstippen voluit in letters, op twee manieren:
Voorbeeld: 16:20 → zwanzig nach vier → sechzehn Uhr zwanzig.

a. 07:20 → ....
   → ....

b. 19:10 → ....
   → ....

c. 09:15 → ....
   → ....

d. 22:15 → ....
   → ....

e. 05:30 → ....
   → ....

Bravo, je bent klaar met hoofdstuk 6! Tijd om de icoontjes op te tellen en het resultaat over te brengen naar pagina 128 voor je eindevaluatie.

7. Rangtelwoorden

Vorming in letters

- Van **1** tot **19**: **hoofdtelwoord + -t + verbuigingsuitgang** (zoals bij een bijvoeglijk naamwoord), bv.:
zwei 2 → der/die/das zweite *de/het tweede*; siebzehn 17 → der/die/das siebzehnte *de/het zeventiende*.

- **Let op bij:** eins 1 → der/die/das erste *de/het eerste*; drei 3 → der/die/das dritte *de/het derde*; sieben 7 → der/die/das siebte *de/het zevende*; acht 8 → der/die/das achte *de/het achtste*.

- **Vanaf 20**: **hoofdtelwoord + -st + verbuigingsuitgang**, bv.: zwanzig 20 → der/die/das zwanzigste *de/het twintigste*; vierzig 40 → der/die/das vierzigste *de/het veertigste*.

Vorming in cijfers

Let op het **punt achter het cijfer/getal**, bv.:
der 2. Platz *de 2e plaats*; der/die/das 17. *de/het 17e*.

I Schrijf de vertaling voluit in letters:
Voorbeeld: de 12e → der zwölfte.

a. de 4e → ....

b. de 13e → ....

c. de 9e → ....

d. de 22e → ....

e. de 50e → ....

f. de 61e → ....

RANGTELWOORDEN

De datum

- Een **datum** wordt **met een rangtelwoord** als volgt uitgedrukt:

  am + rangtelwoord + maand → am zweiten/2. Mai *op 2 mei* (lett. *op-de tweede mei)*, am fünften/5. August *op 5 augustus*, met het rangtelwoord in letters dus op **-en**, in cijfers met een punt erachter.

- **Die Monate** *de maanden* zijn:

  Januar, Februar, März, April, Mai, Juni, Juli, August, September, Oktober, November, Dezember.

2 Vul de zinnen aan met de vertaling van de datum:

a. Wir fahren .... los.
→ *We vertrekken (rijden weg) op 14 juli.*

b. Wir feiern Weihnachten ....
→ *We vieren Kerstmis op 24 december.*

c. Wir arbeiten nicht ....
→ *We werken niet op 1 januari.*

d. Dieses Jahr ist Ostern ....
→ *Dit jaar is/valt Pasen op 17 april.*

3 Zoek de 12 maanden in het raster:

J	A	U	G	U	S	T	F	R	A	O
B	R	E	I	S	A	T	B	M	M	K
I	Z	R	F	E	B	R	U	Ä	R	T
D	E	Z	E	M	B	E	R	R	U	O
U	J	U	N	I	M	U	I	Z	R	B
M	A	I	F	E	V	D	I	U	A	E
F	N	S	E	P	T	E	M	B	E	R
E	U	D	T	B	H	Z	J	U	L	I
O	A	P	R	I	L	I	R	P	A	G
L	R	E	N	O	V	E	M	B	E	R

RANGTELWOORDEN

De dagen van de week

- De dagen zijn:

  Montag, Dienstag, Mittwoch, Donnerstag, Freitag, Samstag, Sonntag

  (ze eindigen allemaal op **-tag** *-dag*, behalve woensdag).

  Heute ist Montag, der **zweit**e**/2. April.**
  Vandaag is [het] maandag 2 (lett. de 2e) april.

- Met **am** *op (de)* erbij is de structuur van de datum **am + dag van de week, + den + rangtelwoord (op -en/.) + maand**, bv.:

  Wir sehen einander <u>am</u> Montag, de<u>n</u> zweit<u>en</u>/2. Mai. *We zien elkaar op maandag 2 (de 2e) mei.*

- Let op de komma na de dag! En de hoofdletter aan dag en maand!

4 Vul de zinnen aan met de vertaling van de datum, voluit in letters:

a. *Mijn verjaardag (lett. geboorte-) is op dinsdag 5 juni.*
→ Mein Geburtstag ist ....

b. *De school begint op donderdag 18 april.*
→ Die Schule beginnt ....

c. *Kom je op woensdag 22 november?*
→ Kommst du .... ?

d. *Wat doen jullie op zaterdag 11 maart?*
→ Was macht ihr .... ?

5 Vertaal de zinnen, zoals in het voorbeeld hogerop, voluit in letters:

a. Vandaag is het donderdag 29 oktober.
→ ....

b. Vandaag is het zondag 10 mei.
→ ....

c. Vandaag is het maandag 20 maart.
→ ....

RANGTELWOORDEN

Eeuwen en titels

Eeuwen en **titels** (koning, paus, keizer enz.) worden aangeduid met een rangtelwoord:

- **eeuw: im** + rangtelwoord + **Jahrhundert** (*eeuw*), bv.:
  in de 18e eeuw → im achtzehnten/18. Jahrhundert
- **titel:** *Lodewijk XVI* → Ludwig XVI. / Ludwig der Sechzehnte (lett. *Lodewijk de Zestiende*).

Let erop dat de uitgang van het rangtelwoord afhangt van de gebruikte naamval en dat het rangtelwoord in een titel met een hoofdletter staat.

6 Geef de vertaling voluit in letters:

a. in de 21e eeuw → ....

b. Lodewijk XIV → ....

c. Johannes Paulus II → **Johannes Paul** ....

d. in de 15e eeuw → ....

e. Napoleon I → **Napoleon** ....

7 Zum ersten Mal = *voor de eerste maal/keer*. Vertaal of vul aan:

a. voor de tweede maal → ....

b. voor de derde keer → ....

c. voor de laatste (letzten) keer → ....

Bravo, je bent klaar met hoofdstuk 7! Tijd om de icoontjes op te tellen en het resultaat over te brengen naar pagina 128 voor je eindevaluatie.

Geslacht en meervoud van zelfstandige naamwoorden

Geslacht

Ook al zijn er veel gelijkenissen tussen Nederlands en Duits, het woordgeslacht komt niet altijd overeen, bv. das Auto (onzijdig) *de auto*, die Zeit (vrouwelijk) *de tijd*, der Strand (mannelijk) *het strand*. Bij veel zelfstandige naamwoorden is het geslacht vanzelfsprekend, maar bij een groot aantal is dit niet evident en leer je er dus best hun lidwoord bij. Met de volgende richtlijnen kunnen een aantal woorden toch per geslacht ingedeeld worden in groepen:

- **mannelijk:** mannelijke 'wezens' (behalve verkleinvormen die eindigen op **-chen** of **-lein**), namen van dagen, maanden, seizoenen, de meeste momenten in een dag (o.a. die Nacht *de nacht* hoort hier niet bij), windstreken en veel zelfstandige naamwoorden op **-er** (vaak beroepen en nationaliteiten).

- **vrouwelijk:** vrouwelijke 'wezens' (behalve verkleinvormen op **-chen** of **-lein**), cijfers/getallen, de meeste namen voor bloemen, bomen en vruchten, substantieven op **-ung**, **-heit**, **-in**, **-ei** en **-schaft**.

- **onzijdig:** jonge 'wezens', letters, kleuren, talen, gesubstantiveerde werkwoorden, verkleinwoorden op **-chen** of **-lein** en veel substantieven op **-um**, **-ium** en **-ment**.

❶ Verklaar het geslacht van de volgende woorden:
Voorbeeld: <u>das Grün</u>, *groen* → onzijdig want <u>kleur</u>.

a. die Sieben → vrouwelijk, want ....

b. das Datum *datum* → onzijdig, want ....

c. der Sohn *zoon* → mannelijk, want ....

d. die Freiheit *vrijheid* → vrouwelijk, want ....

e. das Kind → onzijdig, want ....

f. der Mittag → mannelijk, want ....

g. die Banane *banaan* → vrouwelijk, want ....

h. der Sonntag → mannelijk, want ....

GESLACHT EN MEERVOUD VAN ZELFSTANDIGE NAAMWOORDEN

2 Zet de zelfstandige naamwoorden, per geslacht, in de juiste kolom:

Mann, Rot *rood*, Mädchen, Mutter *moeder*, B *(letter)*, Wohnung *woning*, Übung *oefening*, Drei, Rose *roos*, Junge, Kalb *kalf*, Juli, Frau, Sommer *zomer*, Morgen, Deutsch, Museum *museum*, Essen *eten*, Bäckerei *bakkerij*

der	die	das

Meervoud

Er zijn verschillende manieren om een meervoud te vormen. De uitleg hierover beperken we in dit boek tot de grote lijnen.

Mannelijk meervoud

Algemene richtlijnen:

- **geen uitgang of alleen een umlaut op a, o, u bij de meeste mannelijke woorden op -er, -en, -el**, bv.:
  der Braten / die Braten *gebraad*, der Vater / die Väter *vader*;
  deze regel geldt ook voor 2 vrouwelijke vormen: die Mutter / die Mütter en die Tochter / die Töchter *dochter*.

- **-e en eventueel een umlaut op a, o, u** bij veel mannelijke woorden, bv.:
  der Monat / die Monate, der Sohn / die Söhne

- **-n bij mannelijke woorden op -e**, bv.:
  der Chinese / die Chinesen *Chinees*.

GESLACHT EN MEERVOUD VAN ZELFSTANDIGE NAAMWOORDEN

3 Geef het meervoud; bij substantieven die geen umlaut krijgen, staat een *:

a. der Tag* → ....

b. der Franzose* *Fransman* → ....

c. der Bruder *broe(de)r* → ....

d. der Brief *brief* → ....

e. der Stuhl *stoel* → ....

f. der Tisch → ....

g. der Vogel *vogel* → ....

h. der Wagen* → ....

i. der Beruf* *beroep* → ....

Vrouwelijk meervoud

Algemene richtlijnen:

- **-n** bij veel vrouwelijke woorden, bv.:
  die Dame / die Dame**n**; die Tafel / die Tafel**n** *(school)bord*

- **-en** bij vrouwelijke woorden die een eufonische e inlassen, bv.:
  die Jahreszeit / die Jahreszeit**en** *jaargetijde, seizoen*

- **-e** en een umlaut op a, o, u bij heel wat eenlettergrepige vrouwelijke woorden (dus niet allemaal!), bv.:
  die Bank / die B**ä**nk**e** *bank*

- **-nen** bij vrouwelijke woorden op -in, bv.:
  die Studentin / die Studentin**nen** *studente*.

4 Geef het meervoud van de volgende woorden:

a. die Schwester *zus(ter)* → ....

b. die Freundin *vriendin* → ....

c. die Hand *hand* → ....

d. die Stadt → ....

e. die Tante *tante* → ....

f. die Blume *bloem* → ....

g. die Wohnung → ....

h. die Sprache *taal* → ....

i. die Lehrerin *lerares* → ....

GESLACHT EN MEERVOUD VAN ZELFSTANDIGE NAAMWOORDEN

Onzijdig meervoud

Algemene richtlijnen:
- **geen uitgang of alleen een umlaut op a, o, u bij de meeste onzijdige woorden op -er, -en, -el, -chen en -lein**, bv.:
das Messer / die Messer *mes*
- **-e en -en komen ook vaak voor als onzijdige meervoudsuitgang**, bv.:
das Heft / die Hefte *(school)schrift*
- **-er en eventueel een umlaut op a, o, u bij veel eenlettergrepige onzijdige woorden**, bv.:
das Feld / die Felder *veld*,
das Dorf / die Dörfer *dorp*.

5 Geef de meervoudsvormen:

a. das Kind → ....
b. das Mädchen → ....
c. das Buch → ....
d. das Fenster *venster* → ....
e. das Bild *beeld,...* → ....
f. das Zimmer *kamer* → ....

6 Geef de enkelvoudsvorm van de volgende **KLEDINGSTUKKEN**:

a. die Hüte *hoeden* → der ....
b. die Mäntel *mantels, jassen* → der ....
c. die Röcke *rokken* → der ....
d. die Kleider *kleren, jurken* → das ....
e. die Hosen *(lange) broeken, pantalons* → die ....
f. die Schuhe *schoenen* → der ....
g. die Strümpfe *kousen* → der ....
h. die Hemden *hemden* → das ....
i. die Blusen *bloezen* → die ....

Bravo, je bent klaar met hoofdstuk 8! Tijd om de icoontjes op te tellen en het resultaat over te brengen naar pagina 128 voor je eindevaluatie.

9. Accusatief

Gebruik en verbuiging

	bepaald lidwoord	onbepaald lidwoord	zonder lidwoord
mannelijk	d**en** jung**en** Mann	ein**en** jung**en** Mann	jung**en** Mann
vrouwelijk	die jung**e** Frau	eine jung**e** Frau	jung**e** Frau
onzijdig	das jung**e** Mädchen	ein jung**es** Mädchen	jung**es** Mädchen
meervoud	die jung**en** Männer/ Frauen/Mädchen	jung**e** Männer/ Frauen/ Mädchen	jung**e** Männer/ Frauen/ Mädchen

- De accusatief is de zgn. 4e naamval. Hij wordt gebruikt voor **het leidend voorwerp** in de zin: jemanden/etwas haben, brauchen, kaufen, kennen enz. *iemand/iets hebben, nodig hebben, kopen, kennen enz.* → Wir haben <u>einen kleinen Hund</u>. *We hebben een kleine hond*.

- In vergelijking met de nominatiefvormen zijn alleen de mannelijke enkelvoud verschillend.

- Doorgaans zijn werkwoorden waarbij in het Duits een accusatief gebruikt wordt 'transitieve of overgankelijke' werkwoorden, die dus een lijdend voorwerp bij zich kunnen hebben. Er zijn echter uitzonderingen, zoals jemanden fragen + acc. *(aan) iemand vragen* → Frag <u>den Mann</u>. *Vraag (aan) de man.*

- De accusatief is van toepassing achter bepaalde voorzetsels, o.a.: **durch** *door*, **für** *voor*, **gegen** *tegen*, **ohne** *zonder*, **um** *om* → Das ist für die junge Frau. *Dat is voor de jongedame*. Noteer al de mogelijke samentrekkingen met das: durch das → durchs, für das → fürs, um das → ums.

- **Wen** is de accusatiefvorm van het **vragend voornaamwoord wer** *wie*, bv.: Wen kennst du? *Wie ken je?*

- Bijzonderheid: een aantal mannelijke woorden, zgn. **zwakke mannelijke woorden**, krijgt **-(e)n** in de accusatief; het betreft o.a.:
  - naamwoorden met de nominatief op **-e**, bv.: der/ein Junge → Kennst du den/einen Junge**n**? of op **-ist/-ant/-ent**, bv.: der/ein Polizist *de/een politieagent* → den/einen Polizist**en**; der/ein Student *de/een student* → den/einen Student**en**
  - der/ein Herr *de/een heer* → den/einen Herr**n**.

ACCUSATIEF

1 WONEN. Vul de lidwoorden en bijvoeglijke naamwoorden aan met hun accusatiefuitgang:

a. den groß……… Schrank *kast*

b. ein………. großen Tisch

c. ein klein…………. Haus

d. ein groß…………. Sofa *sofa, bank*

e. das groß…….. Bett *bed*

f. ein …….. großen Garten *tuin*

g. d ………… großen Stuhl

h. ein…… große Wohnung

i. ein ……. großen Teppich *tapijt*

j. groß…………. Schlüssel *sleutels*

2 Vul aan met de passende verbuigingsuitgang; het geslacht van nieuwe woorden staat tussen haakjes (M = mannelijk, V = vrouwelijk, O = onzijdig):

a. Ich nehme d ……….. klein ………………………. Stuhl.

b. Wir brauchen ein ….. Lampe **(V)** *(lamp)* für d………….. neu …………………. Wohnung.

c. Ich habe ein………… neu………. Telefon **(O)** *(telefoon)*.

d. Das Haus hat ein…... groß………………………. Garten.

e. Wir sind gegen d ….. Reform **(V)** *(hervorming)*.

f. W…………. brauchst du? – Den Schlüssel *(sleutel)*.

g. Ich frage d………. Kinder.

h. W…….. fragst du? – Ich frage d….. Herr …. da *(daar)*.

i. Suche möbliert…… Zimmer **(O)** *(Zoek gemeubileerde kamer)*.

Persoonlijke voornaamwoorden in de accusatief

Ook persoonlijke voornaamwoorden worden verbogen; hier hebben we ze in de nominatief (onderwerp) en in de accusatief (lijdend voorwerp):

ich	du	er	sie	es	wir	ihr	sie	Sie
mich	dich	ihn	sie	es	uns	euch	sie	Sie

ACCUSATIEF

3 Gebruik in het antwoord het juiste persoonlijk voornaamwoord:

a) Brauchst du das Buch. → Ja, ich brauche es.

b) Siehst du uns? → Ja, ich sehe euch.

a. Brauchst du die Lampe?
– Ja, ich brauche ....

b. Kaufst du den Tisch?
– Ja, ich kaufe ....

c. Hast du das Telefon?
– Ja, ich habe ....

d. Ist das für euch?
– Nein, das ist nicht für ....

e. Liebst du mich? (lieben *liefhebben, houden van*)
– Ja, ich liebe ....

f. Ist das für dich?
– Ja, das ist für ....

De onbepaalde voornaamwoorden *einen/keinen* enz.

Ze vervangen een naamwoord(groep) en kunnen in alle naamvallen verbogen worden, maar als beginner gebruik je vooral de accusatiefvorm:

- **mannelijk:** Hast du einen Ausweis? *Heb je een identiteitsbewijs?* – Ja, ich habe einen. / Nein, ich habe keinen. *Ja, ik heb [er] een. / Nee, ik heb [er] geen.*

- **vrouwelijk:** Hast du eine Uhr? *Heb je een horloge?* – Ja, ich habe eine. / Nein, ich habe keine. *Ja, ik heb [er] een. / Nee, ik heb [er] geen.*

- **onzijdig:** Hast du ein Auto? *Heb je een auto?* – Ja, ich habe eins. / Nein, ich habe keins. *Ja, ik heb [er] een. / Nee, ik heb [er] geen.*

- **meervoud:** Hast du Zigaretten? *Heb je sigaretten?* – Ja, ich habe welche. / Nein, ich habe keine. *Ja, ik heb er. / Nee, ik heb [er] geen.*

4 Vervang de naamwoordgroep door het onbepaald voornaamwoord EINEN, KEINEN enz.:

a. Trinkst *(Drink)* du auch *(ook)* einen Kaffee *(koffie)*? – Ja, ich trinke auch ....

b. Ich brauche einen roten Stift *(rode stift)*. Hast du ....? – Nein, ich habe ....

c. Haben Sie ein Heft? – Ja, ich habe ....

d. Hat sie Kinder? – Nein, sie hat ....

e. Ich reserviere *(reserveer)* ein Zimmer. – Ich reserviere auch ....

Ontelbare hoeveelheid

Net als in het Nederlands staat bij een **ontelbare hoeveelheid** het naamwoord of de naamwoordgroep zonder lidwoord, bv.:

Ich habe Hunger. *Ik heb honger.*
Ich habe viel Zeit. *Ik heb veel tijd.*

5 Telbare of ontelbare hoeveelheid? Vertaal de zinnen met gebruik van de volgende woorden:

das Pech
de pech

das Glück
het geluk

der Schlüssel
de sleutel

der Durst
de dorst

die Tasche
de tas, zak

das Geld
het geld

a. Heb je geld? → ....

b. We hebben dorst. → ....

c. Ik heb pech. → ....

d. Heb je de tas? → ....

e. Heeft hij de sleutel? → ....

f. Ze hebben geluk. → ....

Bravo, je bent klaar met hoofdstuk 9! Tijd om de icoontjes op te tellen en het resultaat over te brengen naar pagina 128 voor je eindevaluatie.

10 Vragen

Vorming

wo	wer	wie
waar	*wie* (nom.)	*hoe*
wohin	wen	wann
waarheen	*wie* (acc.)	*wanneer*
woher	was	warum
waarvandaan	*wat*	*waarom*

Net als in het Nederlands kan een vraag open of gesloten zijn:

- **met een vragend voornaamwoord** → vraagwoord + vervoegd werkwoord + onderwerp + eventuele bepaling(en), bv.:
Warum kommst du morgen? *Waarom kom je morgen?*

- **zonder vragend voornaamwoord** → vervoegd werkwoord + onderwerp + eventuele bepaling(en), bv.:
Kommst du morgen? *Kom je morgen?*

Merk op dat bij inversie in de 2e persoon enkelvoud de uitgang -st niet wegvalt!

1 Zet de elementen in de juiste volgorde om vragen zonder vragend voornaamwoord te formuleren:

aus kommt ? ihr München

Film die ? Kinder sehen einen

a. ....

Buch du ein ? liest neues

c. ....

b. ....

VRAGEN

2 Leid de vragen in met het passende vraagwoord, te kiezen uit de volgende:

Warum Was Wohin Wer Wo Wie Woher Wann Wen

a. .... wohnen Sie? – In Bonn.
b. .... machst du? – Ich arbeite.
c. .... heißen Sie? – Paula Fischer.
d. .... fragt ihr? – Den Lehrer.
e. .... geht er? – Nach Hause.
f. .... fährst du nach München? – Morgen.
g. .... kommt er nicht? – Er ist krank *(ziek)*.
h. .... ist sie? – Sehr hübsch.
i. .... sind Sie? – Ich bin der neue Deutschlehrer.
j. .... kommen sie? – Aus England.

Welk(e)? en Wat voor (een)?

Welch- *welk(e)* wordt verbogen zoals der, die, das; ziehier de al bekende naamvallen:

	mannelijk	vrouwelijk	onzijdig	meervoud
nominatief	welcher was für ein	welche was für eine	welches was für ein	welche was für
accusatief	welchen was für einen	welche was für eine	welches was für ein	welche was für

- **Welch-** *Welk(e)* **+ substantief**, bv.: Welchen Mantel (m. ev. acc.) kaufst du? *Welke mantel, jas koop je?*

- **Was für ein-** *Wat voor (een)* (ev.) / **Was für** *Wat voor* (mv.) **+ substantief** (**für** fungeert hier niet als voorzetsel, de verbuiging van **ein** hangt af van de functie van zijn naamwoordgroep in de zin), bv.:

  → m. ev. nom.: Was für ein Film ist das? *Wat voor (een) film is dat?*

  → m. ev. acc.: Was für einen Wagen kaufst du? *Wat voor (een) wagen koop je?*

VRAGEN

3 Vul waar nodig de uitgangen aan:

a. Welch ………………………………… Sprache ist das?

b. Welch ………………………………… Buch liest du?

c. Welch ………………………………… Land kennst du?

d. Welch ………………………………… Zug nimmst du?

e. Welch ………………………………… Plätze sind frei *(vrij)*?

f. Was für ein…………………………… Wagen ist das?

g. Was für ……………………………… Bücher liest du?

4 Je kent intussen de wendingen WIE ALT… ? / WIE SPÄT … ? / WIE VIEL …? Leid de volgende vragen passend in:

a. …………………………………… ist es? Es ist 10 Uhr.

b. …………………………………… bist du? Ich bin 18.

c. …………………………………… kostet es? 35 Euros.

5 Vul de vraagwoorden in aan de hand van de vertaling:

a. ………………………………… nicht? *Waarom niet?*

b. ………………………… ist es möglich? *Hoe is het mogelijk?*

c. ………………… bist du? Und ………………………………
machst du? *Wie ben je? En wat doe je?*

VRAGEN

Indirecte vragen

- Deze kunnen gevormd worden met:
  - **een vragend voornaamwoord**, bv.: Ich weiß nicht, **wann** ich nach Hause gehe. *Ik weet niet wanneer ik naar huis ga;* Ich sage dir nicht, **wer** kommt. *Ik zeg je niet wie komt.*
  - **het voegwoord ob** *of*, bv.: Wissen Sie, **ob** er kommt? *Weet u of hij komt?*

- Let op de komma achter de hoofdzin!

- De vervoeging van het werkwoord **wissen** *weten* is onregelmatig:
ich weiß, du weißt, er/sie/es weiß, wir wissen, ihr wisst, sie/Sie wissen.

6 Vul de zinnen aan met WO, OB, WOHER, WANN, WOHIN, WIE of WARUM:

a. Wissen Sie, ... er Kinder hat?
Weet u of hij kinderen heeft?

b. Ich weiß nicht, ... ich kommen soll.
Ik weet niet wanneer ik moet komen.

c. Weißt du, ... seine Familie kommt?
Weet je waar zijn familie vandaan komt?

d. Wisst ihr, ... ich ein Hotel finden kann?
Weten jullie waar ik een hotel kan vinden?

e. Wir wissen nicht, ... Peter fährt.
We weten niet waar Peter naartoe rijdt.

f. Weißt du, ... es ist?
Weet je hoe het is?

g. Wissen Sie, ... er nicht kommt?
Weet u waarom hij niet komt?

Bravo, je bent klaar met hoofdstuk 10! Tijd om de icoontjes op te tellen en het resultaat over te brengen naar pagina 128 voor je eindevaluatie.

Antwoorden

Ja *ja*, **nein** *nee*,
doch *jawel*, **jazeker**, **toch wel**,..

• Kommst du morgen? *Kom je morgen?*
– Ja, ich komme. *Ja, ik kom.*
– Nein, ich komme nicht. *Nee, ik kom niet.*

• Kommst du morgen nicht? *Kom je morgen niet?*
– Doch, ich komme. *Jawel, ik kom.*
– Nein, ich komme nicht. *Nee, ik kom niet.*

❶ Vul de zinnen aan met JA, NEIN of DOCH:
Voorbeeld: Ist sie hübsch? ➜ Ja, sie ist hübsch.

a. Ist es nicht gut? ➜ .... , es ist nicht gut.

b. Ist es gut? ➜................................... , es ist nicht gut.

c. Ist es nicht gut? ➜ .... , es ist gut.

d. Ist es gut? ➜ .... , es ist gut.

e. Ist die Übung schwer *(zwaar, moeilijk)*? ➜ Oh .... , sie ist sehr schwer.

f. Verstehst *(verstehen verstaan, begrijpen)* du die Übung?
➜ .... , ich verstehe nicht.

❷ Vul de antwoorden aan met de volgende woorden:

Pech Dienstag März Hunger

a. Hat er Glück? – Nein, er hat ....

b. Ist heute Mittwoch? - Nein, heute ist ....

c. Kommt er im April? - Nein, er kommt im ....

d. Hast du Durst? – Nein, ich habe ....

ANTWOORDEN

3 Vul de antwoorden aan en vervang hierbij de onderstreepte naamwoordgroep door een passend persoonlijk voornaamwoord:
Voorbeeld: Kennst du die Dame? → Ja, ich kenne sie.

a. Siehst du die Sonne *(zon)* nicht?
→ Doch, ...

b. Kennst du den Herrn?
→ Ja, ...

c. Kennt er die Leute *(mensen, lui)*?
→ Nein, ...

Ontkennen

Hierbij wordt gebruikgemaakt van **kein** *geen* en **nicht** *niet*: **kein** wordt als voornaamwoord verbogen, **nicht** is als bijwoord onveranderlijk.

	mannelijk	vrouwelijk	onzijdig	meervoud
nominatief	kein	keine	kein	keine
accusatief	keinen	keine	kein	keine

In de tabel beperken we ons tot deze twee naamvallen.

- **Kein** is de ontkenning van het onbepaald lidwoord **ein** en volgt dezelfde verbuiging, bv.:
  – **mannelijk in de accusatief:** Ich habe einen Wagen. → Ich habe keinen Wagen.
  – **onzijdig in de nominatief:** Es ist ein Problem *(probleem)*. → Es ist kein Problem.
  Kein heeft, in tegenstelling tot ein, een **meervoudsvorm**, bv. in de accusatief: Ich habe Kinder. → Ich habe keine Kinder.

- **Nicht** wordt in de meeste andere gevallen als volgt gebruikt:

  → **vóór het te ontkennen woord (of de te ontkennen naamwoordgroep)** bij een bijvoeglijk naamwoord, een bijwoord, een naamwoordelijk deel van het gezegde of een voorwerp met voorzetsel, bv.:
  Er ist nicht groß. *Hij is niet groot.* Er fährt nicht schnell. *Hij rijdt niet snel.* Ich bin nicht Sabine. *Ik ben Sabine niet.* Er wohnt nicht in Berlin. *Hij woont niet in Berlijn.*

  → **achter een bijwoord van tijd** zoals gestern *gisteren*, heute *vandaag*, morgen *morgen*, jetzt *nu* of **een voorwerp zonder voorzetsel**, bv.:
  Er kommt heute nicht. *Hij komt vandaag niet.* Ich kenne die Stadt nicht. *Ik ken de stad niet.*

ANTWOORDEN

4 Zet de zinnen in de ontkennende vorm en gebruik hiervoor **NICHT** of **KEIN**:

a. Ich arbeite gut.
→ Ich arbeite .... gut.

b. Ich kaufe das Buch.
→ Ich kaufe das Buch ....

c. Ich heiße Petra.
→ Ich heiße .... Petra.

d. Das ist für dich.
→ Das ist .... für dich.

e. Er ist ein guter Freund.
→ Er ist .... guter Freund.

f. Ich habe Zigaretten.
→ Ich habe .... Zigaretten.

5 Vink de zin waarin **NICHT** op de juiste plaats staat (zie regel p. 45) aan:

1. a. ◯ Ich liebe dich **nicht**.
   b. ◯ Ich liebe **nicht** dich.

2. a. ◯ Ich arbeite heute **nicht**.
   b. ◯ Ich arbeite **nicht** heute.

3. a. ◯ Ich kenne ihn **nicht**.
   b. ◯ Ich kenne **nicht** ihn.

4. a. ◯ Das ist mein Mann **nicht**.
   b. ◯ Das ist **nicht** mein Mann.

Ontkennen met KEIN (vervolg)

Kein wordt, net als *geen* in het Nederlands, gebruikt voor het ontkennen van een naamwoord(elijke groep) zonder lidwoord, maar let in het Duits op de vorm (zie Accusatief, p. 36)!

- Ich habe Glück. → Ich habe <u>kein</u> Glück. *Ik heb geen geluk.* Das Glück is onzijdig enkelvoud en staat in de accusatief (lijdend voorwerp) in deze zin, vandaar **kein**.

- Ich habe Hunger. → Ich habe <u>keinen</u> Hunger. *Ik heb geen honger.* Der Hunger is mannelijk enkelvoud en staat in de accusatief in deze zin, vandaar **keinen**.

6 Zet de volgende zinnen in de ontkennende vorm (M = mannelijk, V = vrouwelijk, O = onzijdig):

a. Ich brauche Geld. **(O)**
→ ....

b. Ich habe Zeit. **(V)**
→ ....

c. Ich trinke Bier. **(O)**
→ ....

d. Ich habe Durst. **(M)**
→ ....

e. Ich esse Fleisch *(eet vlees).* **(O)**
→ ....

f. Sie hat Salz *(zout).* **(O)**
→ ....

Bravo, je bent klaar met hoofdstuk 11! Tijd om de icoontjes op te tellen en het resultaat over te brengen naar pagina 128 voor je eindevaluatie.

12 Datief

Gebruik en verbuiging

	bepaald lidwoord	onbepaald lidwoord	zonder lidwoord
mannelijk	dem jungen Mann	einem jungen Mann	jungem Mann
vrouwelijk	der jungen Frau	einer jungen Frau	junger Frau
onzijdig	dem jungen Mädchen	einem jungen Mädchen	jungem Mädchen
meervoud	den jungen Männern/ Frauen/Mädchen	jungen Männern/ Frauen/Mädchen	jungen Männern/ Frauen/Mädchen

- De datief is de 3e naamval. Hij wordt gebruikt voor het **meewerkend voorwerp** in de zin: jemandem schreiben, gefallen, gehören *iemand schrijven, bevallen, toebehoren*. Der Ball gehört dem kleinen Mädchen. *De bal behoort het kleine meisje toe, is van het meisje.*
Jemandem danken, gratulieren, helfen *iemand danken, feliciteren, helpen* staat in het Duits eveneens in de **datief,** waar in het Nederlands een lijdend voorwerp gebruikt wordt.

- Merk op dat een **-n** toegevoegd wordt aan zelfstandige naamwoorden in de datief meervoud (tenzij hun meervoudsuitgang al op **-n** of op **-s** eindigt).

- De datief is van toepassing achter de voorzetsels **aus** *uit,* **bei** *bij,* **mit** *met,* **nach** *na, naar*,* **seit** *sinds,* **von** *van* en **zu** *naar,* bv.: Was machst du **nach** der Schule? *Wat doe je na (de) school?*
De regel voor -(e)n aan zwakke mannelijke woorden geldt ook bij de datief: Es gehört **dem** Jungen. *Het behoort de jongen toe, is van de jongen.*

- Het vragend voornaamwoord wer *wie* wordt in de datief **wem,** bv.: Wem schreibst du? *(Naar) wie schrijf je?*

* Niet te verwarren met het richting aanwijzende **nach** waar geen lidwoord bij staat: Ich gehe nach Berlin/Hause. *Ik ga naar Berlijn/huis.*

I Zet de volgende naamwoordgroepen in de datief:

a. eine gute Bäckerei
→ ....

b. der große Supermarkt
→ ....

c. das neue Geschäft *(winkel)*
→ ....

d. die kleinen Geschäfte
→ ....

DATIEF

2 Vul waar nodig de uitgang aan (bij onduidelijkheid staat het geslacht van nieuwe woorden tussen haakjes):

a. Das Buch gefällt d................. Herr.................. ....

b. W....................... gehört das Buch?

c. Ich schreibe d....................... Deutschlehrer eine Mail *(mail)*.

d. Das Buch ist von ein.............. klein............ Mädchen.

e. Der Kuchen schmeckt *(smaakt)* d......……... Kinder........

f. Ich arbeite viel mit d .... neu ...... Computer **(M)**.

g. Wir kommen nach d............... Arbeit **(V)** *(werk)*.

h. Wir wohnen seit ein .... Jahr in Berlin.

i. Fatima kommt aus d............... Türkei.

j. Es gehört d......... klein .... Kinder.......

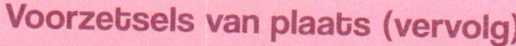

Voorzetsels van plaats (vervolg)

Zu, **bei** en **von** worden gebruikt met betrekking tot personen of locaties; er zijn een paar samentrekkingen met het bepaald lidwoord mogelijk:

- **zu** *naar*
  mogelijke samentrekkingen:
  zu + dem → **zum** en zu + der → **zur**
  voorbeeld: Ich gehe **zum** Bäcker / **zur** Bäckerei. *Ik ga naar de bakker/bakkerij.*

- **bei** *bij*
  mogelijke samentrekking:
  bei + dem → **beim**
  voorbeeld: Ich bin **beim** Bäcker / **bei der** Bäckerei. *Ik ben bij de bakker/bakkerij.*

- **von** *van*
  mogelijke samentrekking:
  von + dem → **vom**
  voorbeeld: Ich komme **vom** Bäcker / **von der** Bäckerei. *Ik kom van (bij) de bakker / van de bakkerij.*

DATIEF

3 Vul de zinnen aan met ZU, BEI of VON; bij b., e. en f. gaat het om samengetrokken lidwoorden:

a. Morgen fahre ich .... meinen Eltern *(ouders)*.

b. Kannst du bitte *(alsjeblieft)* schnell .... r Metzgerei *(slagerij)* gehen.

c. Wir wohnen .... unseren Freunden.

d. Sie kommt.. ihrem Freund.

e. Gehst du morgen .... r Schule?

f. Wir kommen gerade *(net, juist)* ....m Arzt *(arts)*.

Persoonlijke voornaamwoorden in de datief

Dit zijn de persoonlijke voornaamwoorden in de nominatief (onderwerp) en datief (meewerkend voorwerp):

ich	du	er	sie	es	wir	ihr	sie	Sie
mir	dir	ihm	ihr	ihm	uns	euch	ihnen	Ihnen

4 Vul de antwoorden aan met het passende persoonlijk voornaamwoord in de datief:
Voorbeeld: Schreibst du uns? — Ja, ich schreibe <u>euch</u>.

a. Schreibst du mir?
– Ja, ich schreibe ....

b. Hilft dir das?
– Ja, das hilft ....

c. Gefällt euch das?
– Ja, das gefällt ....

d. Passt mir das gut?
– Ja, das passt .... gut.

e. Gehört uns das?
– Ja, das gehört ....

f. Schmeckt euch das?
– Ja, das schmeckt ....

DATIEF

Constructies in de datief

- Mir ist kalt! Mir ist warm! Mir ist heiß! *Ik heb het koud! Ik heb het warm! Ik heb het heel warm!* Dit soort constructies is vrij gebruikelijk in het Duits. Let goed op de zinsbouw: **voornaamwoord in de datief + ist + kalt/warm/heiß**.

  In een vraagzin wisselen voornaamwoord in de datief en werkwoord van plaats: Ist dir kalt? *Heb je het koud?*

- De volgende wending in de datief kent iedereen:
  Wie geht es Ihnen? – Gut danke. Und Ihnen? *Hoe gaat het met u? – Goed, dank u. En met u?* (dus in het Duits met een persoonlijk voornaamwoord in de datief, in het Nederlands met een voorzetsel).

5 Vertaal de volgende zinnen:

a. We hebben het warm. → ....

b. Ze hebben het koud. → ....

c. Hebben jullie het warm? → ....

d. Heeft ze het koud? → ....

e. Hebt u het koud? → ....

f. Hij heeft het warm. → ....

6 Vertaal de volgende gesprekjes:

a. Hoe gaat het met jullie? – Goed, dank je. En met jullie?
→ ....

b. Hoe gaat het met je? – Goed, dank je. En met jou?
→ ....

Bravo, je bent klaar met hoofdstuk 12! Tijd om de icoontjes op te tellen en het resultaat over te brengen naar pagina 128 voor je eindevaluatie.

Bezittelijke voornaamwoorden

Gebruik en vormen in de nominatief

bezit	ich	du	er/es	sie	wir	ihr	sie	Sie
mannelijk/onzijdig	mein	dein	sein	ihr	unser	euer	ihr	Ihr
vrouwelijk/meervoud	meine	deine	seine	ihre	unsere	eu(e)re*	ihre	Ihre

*De **e** wordt doorgaans weggelaten.

- Net als in het Nederlands is de bezitter bepalend voor de keuze van het bezittelijk voornaamwoord: **mein(e)** *mijn*, **dein(e)** *jouw* of *je*, **sein(e)/ihr(e)** *zijn/haar* enz.

- In het Duits worden bezittelijke voornaamwoorden **verbogen** naar geslacht, getal en naamval van het naamwoord waar ze bij staan, zoals ein/kein.

- Waar er in het Nederlands alleen bij 'ons/onze' twee vormen bestaan, is dat in het Duits bij alle personen het geval → **basisvorm** bij een mannelijk of onzijdig bezit in het enkelvoud, met **uitgang -e** bij vrouwelijk bezit in het enkelvoud en bij elk bezit in het meervoud, bv.: **mein** Vater *mijn vader*, **meine** Mutter *mijn moeder*, **mein** Kind *mijn kind*, **meine** Kinder *mijn kinderen*.

- Maak in de 3e persoon enkelvoud het onderscheid tussen **een mannelijke of onzijdige bezitter** → **sein(e)** en **een vrouwelijke bezitter** → **ihr(e)**, bv.:
Paul (of das Kind) / Sabine → sein/ihr Vater, seine/ihre Mutter, sein/ihr Kind, seine/ihre Eltern *zijn/haar vader, moeder, kind, ouders*.

- Let op bij het bezittelijk voornaamwoord **ihr(e)**: het geldt voor *haar* en *hun*, en met een hoofdletter (wat alleen geschreven herkenbaar is) voor de beleefdheidsvorm *uw*, bv.:
Sabine → ihr Vater, ihre Mutter *haar vader/moeder*
Paul und Sabine → ihr Vater, ihre Mutter *hun vader/moeder*
Sie → Ihr Vater, Ihre Mutter *uw vader/moeder*.

BEZITTELIJKE VOORNAAMWOORDEN

1 Vul de zinnen aan met het juiste bezittelijk voornaamwoord (de bezitter is het onderstreepte element in de zin):
Voorbeeld: <u>Ich</u> arbeite in Österreich, aber *(maar)* <u>meine</u> Frau arbeitet in Deutschland.

a. <u>Wir</u> wohnen in Berlin, aber .... Sohn wohnt in München.

b. <u>Du</u> arbeitest in München. Und wo arbeitet .... Freundin?

c. <u>Sabine</u> kommt nicht, aber .... Freund kommt.

d. <u>Ihr</u> sagt ja, aber .... Vater sagt nein.

e. <u>Er</u> hat Geld und .... Frau hat auch Geld.

f. <u>Ich</u> arbeite viel, aber .... Chef arbeitet wenig *(weinig)*.

2 Vink de juiste bezitsvorm aan:

a. Ist Paul krank? Nein, aber ☐ sein ☐ seine ☐ ihr Onkel *(oom)* ist krank.

b. Kommt Paula heute? Nein, aber ☐ ihre ☐ seine ☐ ihr Eltern kommen.

c. Ist Paula müde *(moe)*? Nein, aber ☐ ihr ☐ seine ☐ sein Bruder ist müde.

d. Sind die Kinder in Berlin? Nein, aber ☐ seine ☐ ihre ☐ ihr Vater ist in Berlin.

e. Wohnt Peter in München? Nein, aber ☐ seine ☐ ihre ☐ sein Schwester wohnt in München.

BEZITTELIJKE VOORNAAMWOORDEN

Vormen in de accusatief en datief

De uitgangen gelden voor alle personen (alleen de onzijdige accusatief heeft geen uitgang).

Kennt er mein**en** Vater? *Kent hij mijn vader?*
– Ja, er kennt dein**en** Vater. *Ja, hij kent je vader.*

Gehört es mein**em** Sohn oder dein**em** Sohn? *Behoort het toe aan mijn zoon of aan jouw zoon, Is het van …?*

	mannelijk	vrouwelijk	onzijdig	meervoud
accusatief	mein**en**	mein**e**	mein	mein**e**
datief	mein**em**	mein**er**	mein**em**	mein**en**

3 Vul de tabellen aan:

	mannelijk	vrouwelijk	onzijdig	meervoud
accusatief	dein**en**		dein	
datief	dein**em**			

	mannelijk	vrouwelijk	onzijdig	meervoud
accusatief				
datief	unser**em**			unser**en**

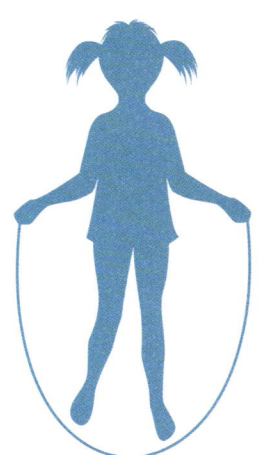

4 Vertaal de termen voor FAMILIELEDEN:

a. die Eltern → ....

b. der Vater → ....

c. die Mutter → ....

d. die Tochter → ....

e. der Sohn → ....

f. der Bruder → ....

g. die Schwester → ....

h. der Onkel → ....

i. die Tante → ....

Die Großeltern zijn *de grootouders*. Hoe zeg je dan:

j. de grootmoeder → ....

k. de grootvader → ....

BEZITTELIJKE VOORNAAMWOORDEN

5 Vul de juiste uitgangen aan:

a. Sabine ist bei ihr .... Vater.

b. Kennst du ihr .... Vater?

c. Das ist für dein .... Mutter.

d. Seid ihr bei eur .... Eltern?

e. Wir sagen es unser .... Lehrer.

f. Mein .... Schwester kommt heute nicht.

g. Morgen treffe ich eur .... Eltern.

h. Sie kommen mit ihr .... Kindern.

6 Vul de zinnen aan met het passende bezittelijk voornaamwoord (M = mannelijk, V = vrouwelijk, O = onzijdig, MV = meervoud):

a. Das ist nicht .... Problem **(O)**.
Dat is jullie probleem niet.

b. Heute ist .... Geburtstag **(M)**.
Vandaag is het mijn verjaardag.

c. Und was ist .... Meinung **(V)**?
En wat is uw mening?

d. Wie ist .... Name **(M)**?
Wat (Hoe) is je naam?

e. Wie ist .... Telefonnummer **(V)**?
Wat (Hoe) is je telefoonnummer?

f. Schwarz, Rot, Gold, das sind .... Farben **(MV)**.
Zwart, rood, goud, dat zijn onze kleuren.

Bravo, je bent klaar met hoofdstuk 13! Tijd om de icoontjes op te tellen en het resultaat over te brengen naar pagina 128 voor je eindevaluatie.

14
Modale werkwoorden

Gebruik en vervoeging

	ich	du	er/sie/es	wir	ihr	sie/Sie
müssen (verplicht) *moeten*	muss	musst	muss	müssen	müsst	müssen
sollen *moeten, (be)horen*	soll	sollst	soll	sollen	sollt	sollen
wollen *willen*	will	willst	will	wollen	wollt	wollen
mögen* *mogen, lusten, graag hebben/doen/willen,...*	mag möchte	magst möchtest	mag möchte	mögen möchten	mögt möchtet	mögen möchten
dürfen *mogen* (toegelaten)	darf	darfst	darf	dürfen	dürft	dürfen
können *kunnen*	kann	kannst	kann	können	könnt	können

* Zie p. 57.

- Een modaal (hulp)werkwoord drukt een bepaalde modaliteit of houding t.o.v. een handeling uit en wordt meestal samen met een infinitief (die de zin afsluit) gebruikt.
- De zes modale (hulp)werkwoorden hebben in de vervoeging gemeenschappelijke eigenschappen, bv. in de o.t.t. verandert de stamklinker in de enkelvoudsvormen (behalve bij sollen).

 Voordat we de modale werkwoorden aanpakken, vragen we je de volgende "gewone" werkwoorden te vertalen:

a. werken → ....

b. maken → ....

c. gaan → ....

d. leren → ....

e. komen → ....

f. schrijven → ....

g. wonen → ....

h. rijden → ....

Müssen en sollen

- **Müssen** drukt een "onvermijdelijk, noodzakelijk" *moeten* uit, een bevel, een verplichting: Mein Zug ist um 10 Uhr, ich muss los. *Mijn trein is om 10 uur, ik moet weg.* De ontkennende vorm betekent *niet hoeven, niet verplicht zijn*.

- **Sollen** is *moeten* omdat men zich verplicht voelt door iemands raad of opdracht, een morele verplichting, *(be)horen*: Du sollst mehr schlafen. Du brauchst es. *Je moet meer slapen. Je hebt het nodig.*

MODALE WERKWOORDEN

❷ Vul aan met een vorm van MÜSSEN of SOLLEN:

a. Du .... nicht lügen.
Je moet niet liegen.

b. Er .... arbeiten, denn er hat kein Geld.
Hij moet werken, want hij heeft geen geld.

c. Schnell, wir .... in die Schule gehen.
Snel, we moeten naar school gaan.

d. Am Abend .... du weniger essen.
's Avonds moet je minder eten.

> ### *Wollen* en *mögen*
>
> • **Wollen** is *willen*: Ich will es versuchen. *Ik wil het proberen.*
>
> • **Mögen** in de tegenwoordige tijd → *mogen, lusten, graag hebben, leuk vinden, houden van,* bv. Ich mag den Kuchen. *Ik lust het gebak,* maar ook *graag doen* enz., bv. Ich mag einkaufen gehen. *Ik ga graag winkelen;* in de conjunctief (aanvoegende wijs) → drukt het een wens, *graag willen* uit, bv. Ich möchte es versuchen. *Ik zou het graag proberen, zou het willen proberen.*

❸ Vul aan met een vorm van WOLLEN of MÖGEN:

a. Nein! Wir .... nicht kommen.
Nee! We willen niet komen.

b. .... du Schokolade?
Lust je chocolade?

c. Ich .... eine Pause machen.
Ik zou een pauze willen houden.

d. .... ihr etwas essen?
Willen jullie graag iets eten?

57

MODALE WERKWOORDEN

Können en dürfen

- **Können** is *kunnen* in de betekenis van "in staat zijn" of "de mogelijkheid hebben", bv.: Ich kann nicht singen. *Ik kan niet zingen.* Kannst du morgen kommen oder arbeitest du?, *Kan je morgen komen of werk je?*

- **Dürfen** is *mogen* in de betekenis van "de toestemming, het recht hebben", bv.: Darf man hier fotografieren? *Mag men hier foto's nemen (fotograferen)?*

4 Vul aan met een vorm van **KÖNNEN** of **DÜRFEN**:

a. .... Sie Tennis spielen?
Kunt u tennis spelen, tennissen?

b. Ich .... nicht bleiben. Mein Zug fährt in 20 Minuten.
Ik kan niet blijven. Mijn trein vertrekt over 20 minuten.

c. Er .... nicht kommen! Seine Eltern wollen nicht.
Hij mag niet komen! Zijn ouders willen niet.

d. Mit 15 Jahren .... du keinen Alkohol trinken.
Op je 15e (lett.: Met 15 jaren) mag je geen alcohol drinken.

5 Omcirkel het passende werkwoord:

a. Kannst / Darfst / Musst du schwimmen?
Kan jij zwemmen?

b. Du **musst / magst / sollst** für die Prüfung lernen.
Je moet voor het examen studeren (leren).

c. Ihre Eltern **wollen / können / sollen** nicht.
Haar ouders willen niet.

d. Sie **darf / muss / möchte** nicht ins Kino gehen.
Ze mag niet naar de bioscoop gaan.

e. Dürft / Könnt / Möchtet ihr etwas trinken?
Willen jullie graag iets drinken?

MODALE WERKWOORDEN

6 Zet de woorden in de juiste volgorde om er correcte zinnen/vragen van te maken:

können wir Berlin nach fahren

a. ....
....
....

Italien ich in möchte arbeiten

b. ....
....
....

wann essen möchtet ihr ?

c. ....
....
....

kommen ich nicht kann

d. ....
....
....

darf rauchen hier man ?

e. ....
....
....

7 Verbind elke Duitse zin met zijn Nederlandse vertaling:

1. Wer will, der kann. •   • a. Als het moet (zijn).
2. Es kann sein. •   • b. Het kan zijn.
3. Ich kann nicht mehr. •   • c. Ik kan niet meer.
4. Wenn es sein muss. •   • d. Wie wil, die kan.

Bravo, je bent klaar met hoofdstuk 14! Tijd om de icoontjes op te tellen en het resultaat over te brengen naar pagina 128 voor je eindevaluatie.

15 Voltooid tegenwoordige tijd

Gebruik en vervoeging

	mach**en**	fahr**en**	sprech**en**
ich	habe... gemacht	bin... gefahren	habe... gesprochen
du	hast... gemacht	bist... gefahren	hast... gesprochen
er/sie/es	hat... gemacht	ist... gefahren	hat... gesprochen
wir	haben... gemacht	sind... gefahren	haben... gesprochen
ihr	habt... gemacht	seid... gefahren	habt... gesprochen
sie/Sie	haben... gemacht	sind... gefahren	haben... gesprochen

Net als de voltooid tegenwoordige tijd (v.t.t.) drukt het **Perfekt** een afgelopen gebeurtenis die nog invloed op het heden heeft uit. Vorming: **o.t.t. van** het hulpwerkwoord **haben** of **sein + voltooid deelwoord** van het hoofdwerkwoord. Het voltooid deelwoord van heel wat werkwoorden wordt, vaak vergelijkbaar met Nederlands, als volgt gevormd:

- **zwakke werkwoorden** (regelmatige werkwoorden waarvan de stam in alle tijden dezelfde blijft) → **ge- + werkwoordstam + -(e)t**, bv. **ge**mach**t** *gemaakt*; de eufonische **e** wordt ingelast bij werkwoorden waarvan de stam eindigt op **-d** of **-t**, bv. baden → **ge**bad**et** *gebaad*.

- **sterke werkwoorden** (onregelmatige werkwoorden waarvan de stam verandert in de onvoltooid verleden tijd (zie p. 64) en, bij sommige, ook in de voltooid tegenwoordige tijd) → **ge- + werkwoordstam** (evt. met klinkeraanpassing) **+ -en**, bv. fahren (o.v.t. fuhr) → **ge**fahr**en** *gereden*, sprechen (o.v.t. sprach) → **ge**sproch**en** *gesproken*.

Let op:

- werkwoorden waarvan de infinitief eindigt op **-ieren** hebben een voltooid deelwoord zonder **ge-**, bv. telefon**ieren** → telefoniert *getelefoneerd*

- werkwoorden waarvan de infinitief begint met o.a. het voorvoegsel **ge-** (zie p. 92) krijgen geen extra **ge-** bij hun voltooid deelwoord, bv. **ge**hören → **ge**hört *toebehoord*.

- sommige voltooide deelwoorden hebben een bijzondere vorm, zoals o.a.: sein → ge**wes**en, essen → ge**gess**en.

VOLTOOID TEGENWOORDIGE TIJD

1 Vul de zinnen aan met het voltooid deelwoord van de volgende zwakke werkwoorden:

arbeiten / kaufen / schicken sturen, zenden */ kosten / fragen / studieren* studeren */ wohnen / haben*

a. Ich habe eine Mail ....

b. Er hat .... , wann wir kommen.

c. Wir haben 5 Jahre in Berlin ....

d. Petra hat auch als *(als)* Lehrerin ....

e. Es hat 50 Euros ....

f. Mein Bruder hat Medizin *(geneeskunde)* ....

g. Wir haben Glück ....

h. Hast du Brot *(brood)* ....?

VOLTOOID TEGENWOORDIGE TIJD

2 Vul de zinnen aan met het voltooid deelwoord van de volgende sterke werkwoorden:

geflogen (fliegen) / gegangen (gehen) / geblieben (bleiben) / gesehen (sehen) / geschrieben (schreiben) / geholfen (helfen)

a. Ich habe ihm einen langen *(lange)* Brief ....

b. Wir haben gestern einen schönen Film ....

c. Danke, du hast mir sehr ....

d. Wo ist Sabine? – Sie ist zur Bäckerei ....

e. Sie ist gestern nach New York ....

f. Die Kinder sind bei meinen Eltern ....

Vervoegen met *haben* of *sein*?

Worden vervoegd met **haben** *hebben*:
- **transitieve** (of overgankelijke) **werkwoorden** (worden meestal met een lijdend voorwerp gebruikt), bv.: Ich habe das Buch gelesen. *Ik heb het boek gelezen.*

- **intransitieve** (of onovergankelijke) **werkwoorden** (staan zonder lijdend voorwerp) die een toestand, plaats of aanhoudend proces uitdrukken, bv.: Ich habe lange geschlafen. *Ik heb lang geslapen;* ook **beginnen*** *beginnen,* **anfangen*** *aanvangen* en **aufhören*** *ophouden* worden als werkwoorden van toestand beschouwd: ich habe begonnen/angefangen/aufgehört.

- **wederkerende werkwoorden** (zie p. 88), bv.: Ich habe mich auf Platz 5 gesetzt. *Ik heb me op plaats 5 gezet, ben op plaats 5 gaan zitten.*

Worden vervoegd met **sein** *zijn*:
- **intransitieve werkwoorden** die het veranderen van toestand/plaats of beweging uitdrukken, bv.: Ich bin nach Hause gegangen. *Ik ben naar huis gegaan.*

- **bleiben** en **sein**, hoewel ze een toestand uitdrukken, bv.: Er ist geblieben. *Hij is gebleven.* Er ist hier gewesen. *Hij is hier geweest.*

* Voor het gebruik van **ge**- zie p. 92-93.

VOLTOOID TEGENWOORDIGE TIJD

3 Vervoeg met **HABEN** of **SEIN**:

a. Ich .... in Hamburg geboren.
Ik ben in Hamburg geboren.

b. Ich .... auf eine internationale Schule gegangen.
Ik ben naar een internationale school gegaan.

c. Ich .... Jura studiert.
Ik heb rechten gestudeerd.

d. Ich .... nach Rom umgezogen*.
Ik ben naar Rome verhuisd.

e. Ich .... nicht viel gearbeitet.
Ik heb niet veel gewerkt.

f. Aber ich .... eine hübsche Italienerin geheiratet.
Maar ik heb een knappe Italiaanse gehuwd / ben getrouwd met …

g. Und wir .... viele Kinder bekommen.
En we hebben veel kinderen gekregen (bekomen).

*Voor de vorming van het voltooid deelwoord zie p. 94.

4 Koppel de voltooide deelwoorden aan hun infinitief:

a. nehmen   **c. kommen**   **e. geben**   **g. trinken**
b. schließen *sluiten*   **d. sagen**   **f. malen** *schilderen*   **h. lernen**

1. gegeben → ....
2. gesagt → ....
3. getrunken → ....
4. genommen → ....
5. gelernt → ....
6. gekommen → ....
7. geschlossen → ....
8. gemalt → ....

Bravo, je bent klaar met hoofdstuk 15! Tijd om de icoontjes op te tellen en het resultaat over te brengen naar pagina 128 voor je eindevaluatie.

16 Onvoltooid verleden tijd

Gebruik en vervoeging

	zwak werkwoord	sterk werkwoord	haben	sein	modaal werkwoord
	spiel**en**	seh**en**	hab**en**	sein	müss**en**
ich	spiel**te**	sah	hatte	war	muss**te**
du	spiel**test**	sah**st**	hattest	warst	muss**test**
er/sie/es	spiel**te**	sah	hatte	war	muss**te**
wir	spiel**ten**	sah**en**	hatten	waren	muss**ten**
ihr	spiel**tet**	sah**t**	hattet	wart	muss**tet**
sie/Sie	spiel**ten**	sah**en**	hatten	waren	muss**ten**

Oorspronkelijk drukte men in het **Präteritum** (of **Imperfekt**), de onvoltooid verleden tijd (o.v.t.), een afgelopen gebeurtenis in het verleden uit. Tegenwoordig wordt deze tijd vooral schriftelijk gebruikt; in gesproken taal vervangt men hem dikwijls door de voltooid tegenwoordige tijd, behalve bij **haben**, **sein** en **modale werkwoorden**.

- **zwakke werkwoorden**: werkwoordstam (infinitief zonder -(e)n) + o.v.t.-uitgang **-te, -test, -te, -ten, -tet, -ten**; eindigt de stam al op **-d** of **-t**, dan moet een **-e-** ingelast worden, bv. antwor**t**en *antwoorden* → ich antwor**te**te;

- **sterke werkwoorden** (ondergaan in de o.v.t. een stamklinkerwisseling): **o.v.t.-werkwoordstam** (die deze klinkerwisseling bevat) + o.v.t.-uitgang **-st** in de 2e pers. ev., **-t** in de 2e pers. mv., **-en** in de 1e en 3e pers. mv.;

- **haben** en **sein** hebben een onregelmatige vervoeging;

- **modale werkwoorden**: werkwoordstam* + o.v.t.-uitgang **-te, -test, -te, -ten, -tet, -ten**, zoals bij zwakke werkwoorden (*de stam is gewoon die van de infinitief bij sollen en wollen → ich soll**te**, ich woll**te**, maar bij de overige modale werkwoorden valt de umlaut weg: dürfen → ich durf**te**, können → ich konn**te**, mögen → ich moch**te** (waarbij, net als in het Nederlands, g verandert in ch).

ONVOLTOOID VERLEDEN TIJD

1 Vul de o.v.t.-vervoeging aan van het zwakke werkwoord **MACHEN** en het sterke werkwoord **KOMMEN**:

	ich	du	er/sie/es	wir	ihr	sie/Sie
machen	machte					
kommen	kam					

2 **HEUTE** *vandaag, tegenwoordig* en **FRÜHER** *vroeger*: zet de zinnen in de o.v.t. (het zijn allemaal zwakke werkwoorden):

a. Heute heiratet man im Schnitt mit 30 Jahren, früher .... man mit 25 Jahren.
Tegenwoordig trouwt men gemiddeld op z'n 30e (lett. in [door]snee met 30 jaren), vroeger huwde men op z'n 25e.

b. Heute schickst du Emails, früher .... du Briefe.
Vandaag stuur je e-mails, vroeger stuurde je brieven.

c. Heute arbeiten wir mit dem Computer, früher .... wir nicht mit dem Computer.
Tegenwoordig werken we met de computer, vroeger werkten we niet met de computer.

d. Heute kostet eine Kinokarte rund 9 Euros, früher .... sie 2/3 Euros.
Vandaag kost een bioscoopticket ongeveer 9 euro('s), vroeger kostte het 2, 3 euro.

e. Heute zahlt ihr in Euros, früher .... ihr in D-Mark.
Vandaag betalen jullie in euro, vroeger betaalden jullie in D-mark*.

f. Heute studieren viele Frauen, früher .... wenige Frauen.
Tegenwoordig studeren veel vrouwen, vroeger studeerden weinig vrouwen.

g. Heute wohnen viele Leute in der Stadt, früher .... viele Leute auf dem Land.
Tegenwoordig wonen veel mensen in de stad, vroeger woonden veel mensen op het [platte]land.

*D-Mark, van Deutsche Mark, was de Duitse munt vóór de euro.

ONVOLTOOID VERLEDEN TIJD

3 Ondanks de stamklinkerwisseling behouden infinitief en o.v.t. hun basisvorm; tracht de infinitiefvormen te herkennen en vul er het kruiswoordraadsel mee in:

Vertikaal:
3C ging
5D gab
8E kam
10D sah

Horizontaal:
1E fuhr
5H nahm
2J blieb

4 Vul de zinnen aan met **HABEN** of **SEIN** in de **o.t.t.** of in de **o.v.t.**:

a. Früher .... ich jung und .... kein Geld.

b. Heute .... ich Geld, aber ich .... alt.

c. Früher .... du keine Arbeit, nur *(alleen, enkel, slechts)* Zeit, viel Zeit.

d. Heute .... du eine Arbeit, aber keine Zeit.

e. Früher .... ihr nichts *(niets)*, aber ihr .... frei und .... viele Pläne *(plannen)*.

f. Heute .... ihr viel Geld.

g. Aber .... ihr frei und .... ihr noch *(nog)* viele Pläne?

ONVOLTOOID VERLEDEN TIJD

5 Vul de zinnen aan met de o.v.t.-vorm van het modaal werkwoord:

können
a. Wir .... leider *(helaas)* nicht kommen.

dürfen
b. Mit 16 Jahren .... man nicht Auto fahren.

mögen
c. Früher .... ich keinen Wein *(wijn)*.

sollen
d. Ihr .... eurer kleinen Schwester helfen.

wollen
e. Ich .... immer Pilot werden *(altijd piloot worden)*.

müssen
f. Ihr .... um 6 Uhr aufstehen *(opstaan)*.

6 Verbind elk bijvoeglijk naamwoord met zijn tegengestelde (bij één bijvoeglijk naamwoord zijn er twee mogelijkheden):

1. jung •
2. arm •
3. neu •
4. klein •
5. kalt •

• a. groß
• b. alt
• c. reich
• d. warm

Bravo, je bent klaar met hoofdstuk 16! Tijd om de icoontjes op te tellen en het resultaat over te brengen naar pagina 128 voor je eindevaluatie.

17 Toekomende tijd

Gebruik en vervoeging

De (onvoltooid) toekomende tijd heet in het Duits **Futur I** (de in dit boek niet behandelde voltooid toekomende tijd heet **Futur II**).

ich	du	er/sie/es	wir	ihr	sie/Sie
werde... machen	wirst... machen	wird... machen	werden... machen	werdet... machen	werden... machen

- Waar wij gebruikmaken van *zullen*, kiest het Duits voor **werden** als hulpwerkwoord.
- **Vorming: o.t.t. van werden + infinitief van het hoofdwerkwoord** (die de zin afsluit), bv. Wir <u>werden</u> mit der Schule einen Ausflug <u>machen</u>. We <u>zullen</u> met de school een uitstap <u>maken/doen</u>.
- Wanneer uit de context van de zin al blijkt dat het om iets in de toekomst gaat, wordt net als in het Nederlands eerder de onvoltooid tegenwoordige tijd gebruikt, bv. Am Sonntag <u>machen</u> wir einen Ausflug mit der Schule. Zondag <u>maken/doen</u> we een schooluitstap.

❶ Ziehier een lijstje met werkwoorden in de infinitief; memoriseer de nieuwe werkwoorden en vertaal die welke we al eerder zagen:

a. besuchen ➜ *bezoeken*

b. anrufen ➜ *(op)bellen*

c. kaufen ➜ ....

d. treffen ➜ *treffen, ontmoeten*

e. fahren ➜ ....

f. schneien ➜ *sneeuwen*

g. kommen ➜ ....

h. arbeiten ➜ ....

TOEKOMENDE TIJD

2 Vorm met de aangereikte elementen zinnen in de toekomende tijd:

a. ein Auto kaufen
→ Ich ....

b. eure Tante besuchen
→ Ihr ....

c. dich anrufen
→ Er ....

d. gut arbeiten
→ Wir ....

e. nach Berlin fliegen
→ Du ....

3 Vul passend aan met de versie in de toekomende tijd of die in de tegenwoordige tijd, zoals in het voorbeeld:
Voorbeeld: Es wird regnen (*regenen*). → **Morgen regnet es.**

a. Es wird schneien.
→ Morgen ....

b. Ich werde ans Meer *(naar zee)* fahren.
→ Im Juli ....

c. ....
→ Am Montag komme ich.

d. ....
→ Bald treffen wir ihn.

Werden

Naast zijn functie als hulpwerkwoord kan **werden** ook op zich gebruikt worden in de betekenis van *worden*. De vervoeging is dezelfde, bv.
o.t.t.: **werde, wirst, wird, werden, werdet, werden**
o.v.t.: **wurde, wurdest, wurde, wurden, wurdet, wurden**
voltooid deelwoord: **geworden**.

TOEKOMENDE TIJD

4 Verbind de Duitse zinnen met hun vertaling:

1. Es wird kalt.
2. Sie wird hübsch.
3. Er wird wie sein Vater.
4. Er wird zwanzig.
5. Er wird groß.

a. Hij wordt groot.
b. Het wordt koud.
c. Hij wordt twintig.
d. Hij wordt zoals zijn vader.
e. Ze wordt knap.

Beroepen

- Er will Lehrer werden. *Hij wil leraar worden.* Sie will Lehrerin werden. *Zij wil lerares worden.*
- De vrouwelijke vorm van beroepsnamen bestaat vaak uit de mannelijke vorm + achtervoegsel **-in**.
- Let bij der Arzt / die **Ä**rztin ook op de toegevoegde umlaut!

5 Geef van onderstaande mannelijke structuren de vrouwelijke, en omgekeerd (er is bij geen enkele beroepsnaam een umlaut nodig):

a. Er will Architekt werden. *(architekt)* ....

b. Sie will Ingenieurin werden. *(ingenieur)* ....

c. Er will Musiker werden. *(musicus)* ....

d. Sie will Informatikerin werden. *(informaticus)* ....

e. Er will Journalist werden. *(journalist)* ....

f. Sie will Malerin werden. *(schilder)* ....

TOEKOMENDE TIJD

6 Vul het kruiswoordraadsel aan met de dagen van de week en de maanden.

Vertikaal:
A13 december
C12 september
D2 juni
D9 mei
F3 februari
F11 woensdag
I1 maandag
J16 augustus
K10 vrijdag
M9 juli
N18 oktober

Horizontaal:
2H november
4B donderdag
7C januari
9D maart
11I april
13A dinsdag
16E zondag
20J zaterdag

Bravo, je bent klaar met hoofdstuk 17! Tijd om de icoontjes op te tellen en het resultaat over te brengen naar pagina 128 voor je eindevaluatie.

18 Zinsbouw – volgorde lijdend/meewerkend voorwerp

Vorming

Sommige werkwoorden kunnen in een zin met zowel een voorwerp in de accusatief als een in de datief gebruikt worden, zoals **jemandem etwas schreiben** *iemand* (meewerkend voorwerp) *iets* (lijdend voorwerp) *schrijven*.

De volgorde van deze voorwerpen hangt dan af van hun vorm, of het zelfstandige naamwoorden of persoonlijke voornaamwoorden zijn:

- een naamwoord(groep) in de datief staat vóór een naamwoord(groep) in de accusatief, bv.
Ich erkläre der Dame den Weg. *Ik leg de dame de weg uit.*

- een voornaamwoord in de accusatief staat vóór een voornaamwoord in de datief, bv.
Ich erkläre ihn ihr. *Ik leg hem (aan) haar uit.*

- een voornaamwoord staat vóór een naamwoord(groep), ongeacht de naamval, bv.
Ich erkläre ihn der Dame. / Ich erkläre ihr den Weg. *Ik leg hem (aan) de dame uit. / Ik leg haar de weg uit.*

In het Nederlands maakt men liever gebruik van voorzetsels.

- De volgende werkwoorden worden vaak samen met een lijdend voorwerp (accusatief) én meewerkend voorwerp (datief) gebruikt:

empfehlen *aanbevelen*
erklären *verklaren, uitleggen*
erzählen *vertellen*
geben *geven*
kaufen *kopen*
leihen *lenen*
sagen *zeggen*
schenken *schenken, cadeau doen*
schicken *zenden, sturen*
schreiben *schrijven*
wünschen *wensen*
zeigen *tonen.*

Vul de zinnen aan met de Duitse vertaling van de onderstreepte werkwoordsvormen:

a. Ich .... ihm ein Buch.
Ik koop hem een boek (koop een boek voor hem).

b. Er .... seinem Vater einen Brief.
Hij schrijft zijn vader een brief.

c. Ich .... dir mein Fahrrad.
Ik leen je mijn fiets.

d. Der Vater .... seinem Sohn die Übung.
De vader legt zijn zoon de oefening uit (legt de oefening uit aan zijn zoon).

ZINSBOUW – VOLGORDE LIJDEND/MEEWERKEND VOORWERP

2 Zet de elementen in de juiste volgorde om er zinnen van te maken:

dem Jungen   wir   schenken   eine Uhr

leihe   ich   dem Kind   den Ball (bal)

a. Wir ....
....
....

sie   wir   dem   Jungen   schenken

c. Ich ....
....
....

b. Wir ....
....
....

leihe   ich   ihn   ihm

leihe   den Ball   ich   ihm

d. Ich ....
....
....

e. Ich ....
....
....

3 Vervang in onderstaande zinnen het onderstreepte lijdend/meewerkend voorwerp door een persoonlijk voornaamwoord en pas zo nodig de zinsbouw aan:
Voorbeeld: Kauf dem Kind <u>das Buch</u>! → Kauf <u>es</u> dem Kind!

a. Gib <u>dem Mann</u> das Geld!
....

b. Gib dem Mann <u>das Geld</u>!
....

c. Gib <u>dem Mann</u> <u>das Geld</u>!
....

d. Erklär mir <u>die Übung</u>!
....

e. Erklär <u>deiner Schwester</u> die Übung!
....

ZINSBOUW – VOLGORDE LIJDEND/MEEWERKEND VOORWERP

4 Vul de zinnen aan met de juiste vorm (accusatief of datief) van de naamwoordgroepen en voornaamwoorden, zoals in het voorbeeld:
Voorbeeld: du / der Wagen → Ich leihe dir den Wagen.

a. eine lange Mail / der Lehrer
→ Ich schreibe ....

b. du / ein Brief
→ Morgen schickt er ....

c. die Kinder / ein neuer Ball
→ Die Mutter kauft ....

d. ich / es
→ Er schenkt ....

e. deine Mutter / ein Selfy **(O)**
→ Wir schicken ....

Gute Idee!

5 Verbind elk begin van een zin met zijn einde:

1. Ich empfehle dir •
2. Ich schenke ihm •
3. Ich wünsche dir •
4. Der Lehrer erklärt den Schülern *(leerlingen)* •
5. Wir zeigen den Freunden •

• **a.** Schokolade.
• **b.** die Übung.
• **c.** dieses Hotel.
• **d.** die Stadt.
• **e.** schöne Ferien *(mv.)* *([een] mooie vakantie).*

ZINSBOUW – VOLGORDE LIJDEND/MEEWERKEND VOORWERP

 Stel de vragen die als antwoord de onderstreepte elementen opleveren, gebruik hiervoor WER, WEM of WAS:

Voorbeeld: Sabine empfiehlt ihm <u>diesen Wein</u>. — <u>Was</u> empfiehlt ihm Sabine?

a. Sie schreibt <u>ihrer Mutter</u> eine Mail.
→ ....

b. <u>Er</u> schreibt seiner Mutter eine Mail.
→ ....

c. Sie schreibt ihrer Mutter <u>eine Mail</u>.
→ ....

Wensen formuleren

- Ich wünsche dir alles Gute zum Geburtstag.
  Ik wens je een gelukkige / Gefeliciteerd met je verjaardag.
  (lett. ... *alles goed ter geboortedag*)
- Viel Glück! *Veel geluk!*
- Frohe Weihnachten!
  Vrolijk Kerstmis! Prettige kerstdagen!
- Ein frohes neues Jahr! *Gelukkig Nieuwjaar!*
  (lett. *Een vrolijk nieuw jaar!*)

 Vertaal de volgende wensen:

a. Gefeliciteerd met uw verjaardag.
→ ....

b. Hij wenst je veel geluk.
→ ....

c. We wensen jullie prettige kerstdagen.
→ ....

d. Ik wens jullie een gelukkig nieuwjaar.
→ ....

Bravo, je bent klaar met hoofdstuk 18! Tijd om de icoontjes op te tellen en het resultaat over te brengen naar pagina 128 voor je eindevaluatie.

19
Zinsbouw – hoofdzin/bijzin

Hoofdzin

De Duitse zinsbouw komt grotendeels overeen met de Nederlandse. Dit zijn de algemene richtlijnen:

- In een mededelende zin staat het vervoegd werkwoord doorgaans op de 2e plaats, dus achter het onderwerp of, als de zin met een bepaling begint, achter die bepaling. Een voltooid deelwoord of infinitief sluit de zin af.

  Ich <u>fahre</u> morgen nach Berlin.
  ⟷ Morgen <u>fahre</u> ich nach Berlin.

  Ich <u>möchte</u> morgen nach Berlin fahren.
  ⟷ Morgen <u>möchte</u> ich nach Berlin fahren.

  Ich <u>bin</u> gestern nach Berlin gefahren.
  ⟷ Gestern <u>bin</u> ich nach Berlin gefahren.

- In een vraagzin zonder vraagwoord, in een bevel en in een uitroep staat de persoonsvorm vooraan.

❶ Vorm nieuwe zinnen waarin de onderstreepte woorden vooraan staan:

a. Paul und Sabine arbeiten <u>heute</u> nicht.
→ Heute ....

b. Du darfst <u>hier</u> nicht rauchen.
→ ....

c. Der Film hat <u>um 8 Uhr</u> angefangen.
→ ....

d. Ich sage <u>dir</u> nichts.
→ ....

ZINSBOUW – HOOFDZIN/BIJZIN

 Vorm telkens 2 zinnen, een die begint met het onderwerp en een die begint met de bepaling, zoals in het voorbeeld:

Voorbeeld: arbeitet / Paul / nicht / heute → Paul arbeitet heute nicht. Heute arbeitet Paul nicht.

a. können / am Mittwoch / meine Eltern / kommen
➜ .... / ....

b. nach Wien / er / morgen / fahren / will
➜ .... / ....

c. können / vielleicht *(misschien)* / wir / kommen
➜ .... / ....

Hoofdzin + bijzin

- Een bijzin wordt vaak ingeleid met een voegwoord, bv. **weil** *omdat*, **dass** *dat*, **wenn** *als*, waarop het onderwerp volgt; het **vervoegd werkwoord staat achteraan**.
- In het Duits moet altijd een **komma** geschreven worden tussen hoofd- en bijzin, ook bij **dass** *dat*!

Hoofdzin	Hoofd- en bijzin
Er **arbeitet** morgen.	→ Er sagt, **dass er** morgen **arbeitet**.
Er **hat** gestern gearbeitet.	→ Er sagt, **dass er** gestern gearbeitet **hat**.
Er **möchte** morgen kommen.	→ Er sagt, **dass er** morgen kommen **möchte**.

3 **Vorm samengestelde zinnen, zoals hierboven: gebruik de hoofdzin als bijzin ingeleid met het voegwoord *dass* of *weil*:**

Voorbeeld: Er ist krank. → Er kommt nicht, weil er krank ist.

a. Er hat keine Zeit.
➜ Er kommt nicht, weil ....

b. Er möchte im Juli in die USA fliegen.
➜ Er sagt, dass ....

c. Er muss morgen arbeiten.
➜ Er kommt nicht, weil ....

d. Er hat gut geschlafen.
➜ Er sagt, dass ....

ZINSBOUW – HOOFDZIN/BIJZIN

Bijzin + hoofdzin

- Deze volgorde is gebruikelijk, vooral met een voorwaardelijke bijzin die begint met **wenn** als, indien, wanneer.
- De zinsbouw is vergelijkbaar met de Nederlandse.
- Denk aan de verplichte komma tussen beide zinsdelen!

Voorbeelden:
Er kommt morgen, wenn er keine Arbeit hat.
⟷ Wenn er keine Arbeit hat, **kommt er** morgen.
Hij komt morgen, als hij geen werk heeft.
⟷ *Als hij geen werk heeft, komt hij morgen.*

Er kann morgen kommen, wenn er keine Arbeit hat.
⟷ Wenn er keine Arbeit hat, **kann er** morgen kommen.
Hij kan morgen komen, als hij geen werk heeft.
⟷ *Als hij geen werk heeft, kan hij morgen komen.*

4. Vorm de hoofdzin+bijzin-constructies om tot bijzin+hoofdzin-constructies, en omgekeerd:

a. Ich fahre mit dem Zug, wenn es Stau gibt *(er file is)*.
⟷ ....

b. Ich schreibe dir, wenn ich eine Antwort habe.
⟷ ....

c. Wenn du nach München kommst, kannst du bei Petra wohnen.
⟷ ....

d. Wenn ich viel Geld habe, kaufe ich ein neues Auto.
⟷ ....

e. Meine Mutter kommt, wenn sie Zeit hat.
⟷ ....

Ob en *wenn*

- **Ob** is het equivalent van het voegwoord *of* in een indirecte vraag (**oder nicht** *of niet* kan er bij gedacht worden), bv.:
Er fragt, ob sie kommt. *Hij vraagt of ze komt.*
- **Wenn** drukt vaak een voorwaarde uit, bv.:
Wenn sie kommt, komme ich auch. *Als zij komt, kom ik ook.*

ZINSBOUW – HOOFDZIN/BIJZIN

5 Es regnet! *Het regent!* Vul aan met **WENN** of **OB**:

a. Weißt du, ... es morgen regnet?

b. .... es morgen regnet, weiß ich nicht.

c. Aber .... es morgen regnet, bleibe ich zu Hause *(thuis)*.

d. Ich weiß nicht, ... ich morgen zu Hause bleibe, ... es regnet.

e. Und Sie? Wissen Sie, ... es morgen regnet?

Weil en denn

- **Weil** geeft als onderschikkend voegwoord *omdat* weer; de **persoonsvorm** staat **achteraan** in de bijzin, bv.:
  Ich komme nicht, weil ich heute viel Arbeit habe.

- **Denn** komt als nevenschikkend voegwoord overeen met *want*; het **vervoegd werkwoord** staat **achter het onderwerp**, bv.:
  Ich komme nicht, denn ich habe heute viel Arbeit.

6 Es ist warm/kalt! *Het is warm/koud!*
Vervang de **DENN**-constructie door een met **WEIL**, en omgekeerd:

a. Er bleibt zu Hause, weil es kalt ist. → ....

b. Er kommt nicht, denn es ist warm. → ....

c. Ich komme nicht, denn es ist sehr kalt. → ....

Bravo, je bent klaar met hoofdstuk 19! Tijd om de icoontjes op te tellen en het resultaat over te brengen naar pagina 128 voor je eindevaluatie.

Voorzetsels met accusatief/datief

Gebruik en verbuiging

an	auf	hinter	in	neben	über	unter	vor	zwischen
aan, bij	*op*	*achter*	*in*	*naast*	*over*	*onder*	*voor*	*tussen*

We beperken ons in deze tabel tot de hoofdbetekenis van deze voorzetsels.

Deze voorzetsels kunnen met een accusatief- of een datiefvorm gebruikt worden, afhankelijk van de context:

- **accusatief** wanneer ze een **richting of beweging** uitdrukken, zoals bij een antwoord op de vraag **wohin**, bv.:
Wohin gehst du? *Waar ga je heen?* – Ich gehe in den Garten. *Ik ga de tuin in.*

- **datief** wanneer ze "zich op een **plaats** bevinden" uitdrukken, zoals bij een antwoord op de vraag **wo**, bv.:
Wo bist du? *Waar ben je?* – Ich bin im (= in + dem) Garten. *Ik ben in de tuin.*

- Er zijn samentrekkingen met de lidwoorden **das** en **dem** mogelijk, nl.:

an + das → **ans**; an + dem → **am**
auf + das → **aufs**
in + das → **ins**; in + dem → **im**.

- Opmerking: vaak wordt in het Duits en in het Nederlands hetzelfde voorzetsel gebruikt (zie voorbeelden hiernaast), maar dus niet altijd, bv.: *naar school gaan* = <u>in</u> die Schule gehen. Dit zijn specifieke, aan een taal eigen gebruiken die aangeleerd moet worden.

VOORZETSELS MET ACCUSATIEF/DATIEF

1 Omcirkel de juiste vorm:

a. Er geht **in die / in der** Stadt.
Hij gaat de stad in.

b. Wir gehen **ins / im** Kino.
We gaan naar de bioscoop.

c. Er schläft **ins / im** Hotel.
Hij slaapt in het hotel.

d. Er ist **ans / am** Telefon.
Hij is aan de telefoon.

e. Er wohnt **in die / in der** Schweiz.
Hij woont in Zwitserland.

f. Fahrt ihr **ans / am** Meer?
Rijden/Gaan jullie naar zee?

De woning
- die Küche *de keuken*
- das Schlafzimmer *de slaapkamer*
- das Wohnzimmer *de woonkamer*
- das Badezimmer *de badkamer*

2 Vertaal de volgende zinnen (maak hierbij gebruik van het voorzetsel **IN**):

a. Ik ga de badkamer in, ga naar de badkamer.
→ ....

b. Je boek is in de slaapkamer.
→ ....

c. Mijn vriendin slaapt in de woonkamer.
→ ....

d. Kom in/naar de keuken!
→ ....

e. Ga niet naar de slaapkamer, de slaapkamer niet in!
→ ....

VOORZETSELS MET ACCUSATIEF/DATIEF

Werkwoorden van positie

Aan elke van de vier posities worden twee werkwoorden gekoppeld: het ene drukt **de positie waarin men iemand/iets plaatst** uit en wordt met een **accusatief**vorm gebruikt, het andere geeft **de positie waarin iemand/iets zich bevindt** aan en staat met een **datief**. In onderstaande tabel zien we de infinitief en het voltooid deelwoord van deze werkwoorden:

werkwoorden met de accusatief	werkwoorden met de datief
stellen/gestellt *stellen, plaatsen, zetten / gesteld, geplaatst, gezet*	**stehen/gestanden** *staan/gestaan*
legen/gelegt *leggen/gelegd*	**liegen/gelegen** *liggen/gelegen*
setzen/gesetzt *zetten/gezet*	**sitzen/gesessen** *zitten/gezeten*
hängen/gehängt *(op)hangen/(op)gehangen*	**hängen/gehangen** *hangen/gehangen*

- **stellen/stehen**: Er stellt die Lampe auf den Tisch. *Hij plaatst, zet de lamp op de tafel.* / Die Lampe steht auf dem Tisch. *De lamp staat op de tafel.*

- **legen/liegen**: Er legt den Zettel auf den Tisch. *Hij legt het briefje, kattebelletje op de tafel.* / Der Zettel liegt auf dem Tisch. *Het briefje ligt op de tafel.*

- **(sich) setzen* / sitzen**: Ich setze mich auf die Bank. *Ik zet me op de bank, ga op de bank zitten.* / Ich sitze auf der Bank. *Ik zit op de bank.*

* *Wederkerende werkwoorden komen op p. 88 aan bod.*

- **hängen**: Er hängt das Bild an die Wand. *Hij hangt het schilderij aan de wand.* / Das Bild hängt an der Wand. *Het schilderij hangt aan de wand;* let op de vorm van het voltooid deelwoord: Er hat das Bild an die Wand gehängt / Das Bild hat an der Wand gehangen!

3 Im Bett liegen *in bed liggen*; vertaal de volgende zinnen:

a. Lig je in bed?
→ ....

b. Ja, ik lig in bed.
→ ....

c. We liggen in bed.
→ ....

VOORZETSELS MET ACCUSATIEF/DATIEF

4 Omcirkel het juiste werkwoordgebruik:

a. Wohin soll ich den Stuhl **stellen / stehen / legen**?

b. Wo **sitzt / setzt / hängst** du? – Ich **setze / hänge / sitze** auf Platz 10.

c. Kann ich meinen Mantel in den Schrank **sitzen / hängen / stellen**?

d. Paul **sitzt / steht / liegt** krank im Bett.

e. Hast du die Vase *(vaas)* auf den Tisch **gelegt / gestellt / gesessen**?

f. Wo **hängt / sitzt / liegt** mein Pass *(pas(poort))*?
– Ich habe ihn neben das Telefon **gelegt / gelegen / gestellt**.

5 Der Bierkrug *de bierkruik*; verbind elke zin met de erbij passende tekening:

1. Der Bierkrug steht <u>auf</u> dem Tisch.
2. Der Bierkrug steht <u>unter</u> dem Tisch.
3. Der Bierkrug steht <u>vor</u> dem Tisch.
4. Der Bierkrug steht <u>hinter</u> dem Tisch.
5. Der Bierkrug steht <u>neben</u> dem Tisch.
6. Der Bierkrug steht <u>zwischen</u> dem Tisch <u>und</u> dem Stuhl.

d.

a.

e.

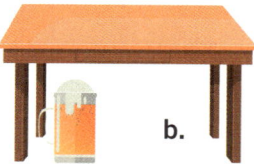
b.

f.

c.

Bravo, je bent klaar met hoofdstuk 20! Tijd om de icoontjes op te tellen en het resultaat over te brengen naar pagina 128 voor je eindevaluatie.

83

Genitief

Gebruik en verbuiging

	bepaald lidwoord	onbepaald lidwoord	zonder lidwoord
mannelijk	des jungen Mannes	eines jungen Mannes	jungen Mannes
vrouwelijk	der jungen Frau	einer jungen Frau	junger Frau
onzijdig	des jungen Mädchens	eines jungen Mädchens	jungen Mädchens
meervoud	der jungen Männer/Frauen/Mädchen	junger Männer/Frauen/Mädchen	junger Männer/Frauen/Mädchen

- De laatste naamval die we moeten behandelen is de **genitief**, de zgn. 2e naamval; hij drukt **bezit en afhankelijkheid** uit.

- Een van zijn eigenschappen is de eind-**s** aan mannelijke en onzijdige zelfstandige naamwoorden in het enkelvoud (**-es** bij die welke al op een **sisklank** uitgaan en bij de meeste die uit één lettergreep bestaan).

Voorbeelden:
das Buch des Lehrers *het boek van de leraar*
das Buch des Mannes *het boek van de man*.

GENITIEF

1. Zet het tweede element in de genitief, zoals in het voorbeeld:
Voorbeeld: das Buch – der Lehrer → das Buch <u>des Lehrers</u>.

a. das Buch – die Frau
➜ ....

b. das Buch – das kleine Mädchen
➜ ....

c. die Eltern – die Kinder
➜ ....

d. die Adresse *(adres)* – ein gutes Restaurant
➜ ....

e. das Buch – die Kinder
➜ ....

f. der Stock *(stok)* – eine alte Frau
➜ ....

g. der Preis *(prijs)* – alte Häuser
➜ ....

Wessen?

Het vragend voornaamwoord *wiens* is **wessen** in de genitief, bv.:

Wessen Buch ist das? *Wiens boek is dat?* – Das ist das Buch des Lehrers.

2. Formuleer de vragen, met de genitief, die de volgende antwoorden opleveren:
Voorbeeld: Das ist das Auto meiner Mutter. Wessen Auto ist das?

a. Das ist der Schlüssel meines Vaters.
➜ ....

b. Das ist der Hut meines Großvaters.
➜ ....

c. Das ist die Hose meines Bruders.
➜ ....

GENITIEF

Von + datief

In de spreektaal raakt de genitief in onbruik. Hij wordt vaak vervangen door **von** + **een datiefvorm**; bij **von dem** is dat meestal de samentrekking **vom**, bv.:

das Buch **von dem / vom** Lehrer
das Buch **von der** Lehrererin.

3 Druk het bezit uit met **VON** of, waar mogelijk, met **VOM**:

a. das Buch des Mannes → ....

b. die Eltern des Kindes → ....

c. das Haus ihrer Freundin → ....

d. das Auto meiner Eltern → ....

Wegen en während

Oorspronkelijk stonden de voorzetsels **wegen** = *wegens* en **während** = *gedurende, tijdens* met een genitief, maar tegenwoordig worden ze in de spreektaal meer en meer met een datief gebruikt.

4 Zet de bepalingen in de genitief:

a. wegen dem schlechten Wetter *(weer)* → ....

b. während dem Film → ....

c. während dem Kurs *(cursus)* → ....

d. wegen seinem Bruder → ....

GENITIEF

Bezits-s

Oorspronkelijk werd de bezits- of genitief-s bij alle naamwoorden gebruikt, maar tegenwoordig beperkt dat zich vooral tot eigennamen. De vorm is **eigennaam + -s**, bv.:

- der Vater von Paul *de vader van Paul*
  → Paul**s** Vater *Pauls vader*,

- ook bij eigennamen die op een **klinker** eindigen, bv.:
  der Vater von Helga *de vader van Helga*
  → Helga**s** Vater *Helga's vader*,

- net als in het Nederlands wordt bij eigennamen die al op een **sisklank** eindigen geen s maar een **apostrof** toegevoegd, bv.:
  der Vater von Hans *de vader van Hans*
  → Hans' Vater *Hans' vader*.

5 Zet een *von*-constructie om in een met bezits-s, en omgekeerd:

a. die Mutter von Sabine → ....

b. Luis' Eltern → ....

c. Evas Mutter → ....

d. der Bruder von Paula → ....

Bravo, je bent klaar met hoofdstuk 21! Tijd om de icoontjes op te tellen en het resultaat over te brengen naar pagina 128 voor je eindevaluatie.

22
Wederkerende werkwoorden

Vorming

accusatief	datief	wederkerigheid
sich vorstellen *zich voorstellen* als *zich bekend maken*	**sich vorstellen** *zich voorstellen* als *zich (iets) indenken, voor de geest halen*	**sich treffen** *elkaar treffen, ontmoeten*
ich stelle **mich** vor	ich stelle **mir** vor	---
du stellst **dich** vor	du stellst **dir** vor	---
er/sie/es stellt **sich** vor	er/sie/es stellt **sich** vor	---
wir stellen **uns** vor	wir stellen **uns** vor	wir treffen **uns**
ihr stellt **euch** vor	ihr stellt **euch** vor	ihr trefft **euch**
sie/Sie stellen **sich** vor	sie/Sie stellen **sich** vor	sie/Sie treffen **sich**

- Net als in het Nederlands hoort bij een wederkerend werkwoord een persoonsgebonden wederkerend voornaamwoord, maar let op:
  - het **wederkerend voornaamwoord** staat **meestal** (als lijdend voorwerp) in de **accusatief**, maar
  - het **wederkerend voornaamwoord** staat in de **datief** als het werkwoord al een lijdend voorwerp heeft.
- Wederkerende voornaamwoorden hebben dezelfde vorm als persoonlijke voornaamwoorden, behalve in de 3e persoon enkelvoud en meervoud.
- Wederkerende werkwoorden worden met het hulpwerkwoord **haben** *hebben* vervoegd.
- In het Duits wordt m.b.t. lichaamsdelen vaak een wederkerende datiefconstructie + bepaald lidwoord gebruikt, bv.: Der Kopf tut mir weh. *Mijn hoofd doet pijn.* Ich wasche mir die Hände. *Ik was mijn handen.*
- Sommige werkwoorden zijn wederkerend in het Duits, maar niet noodzakelijk ook in het Nederlands, bv.: sich setzen is *zich (neer)zetten, gaan zitten* → ich setze mich *ik zet me (neer), ga zitten*; sich gedulden is *geduld hebben/oefenen*; sich ändern is *veranderen* als *anders worden*, terwijl ändern *veranderen* is als *anders maken*.
- Met de wederkerende voornaamwoorden uns, euch en sich kan ook **wederkerigheid** uitgedrukt worden, i.p.v. met einander *elkaar*.

WEDERKERENDE WERKWOORDEN

1 Vul aan met het juiste wederkerend voornaamwoord:

a. Ich freue .... *(zich verheugen)*.

b. Wir treffen .... gleich *((zo) meteen)*.

c. Freut er .... auch?

d. Ja, er freut .... auch.

e. Liebt ihr .... ?

f. Ja, wir lieben .... Leise, er kommt.

g. Oh! Sie küssen .... *(elkaar kussen)*.

2 Baseer je op de voorbeelden om de zinnen te vertalen:

Er wäscht sich. *Hij wast zich.*
a. → ....
Je wast je.

Ich ziehe mich an. *Ik kleed me aan.*
b. → ....
De kinderen kleden zich aan.

Du putzt dir die Zähne. *Je poetst je tanden.*
c. → ....
We poetsen onze tanden.

3 Vul het juiste wederkerend voornaamwoord aan:

a. Ich kaufe .... ein neues Auto.

b. Kaufst du .... auch ein neues Auto?

c. Er macht .... schnell einen Kaffee.

WEDERKERENDE WERKWOORDEN

Imperatief van wederkerende werkwoorden

Setz dich!
Zet je (neer), ga zitten!

Setzt euch!
Zetten jullie je (neer), gaan jullie zitten!

Setzen Sie sich!
Zet u zich (neer), gaat u zitten!

Wasch dich!
Was je!

Wascht euch!
Wassen jullie je!

Waschen Sie sich!
Wast u zich!

Wasch dir die Hände!
Was je handen!

Wascht euch die Hände!
Wassen jullie je handen!

Waschen Sie sich die Hände!
Wast u uw handen!

4 Baseer je op bovenstaande voorbeelden om de imperatiefvormen van de volgende twee werkwoorden op te schrijven:

sich beeilen *zich haasten*	sich die Zähne putzen *zijn tanden poetsen*

WEDERKERENDE WERKWOORDEN

5 Vul het kruiswoordraadsel in met de vertaling van de werkwoorden:

Vertikaal:
- **1G** lezen
- **4K** wonen
- **6B** nemen
- **6I** eten
- **9I** kennen
- **11L** leggen
- **13F** hebben
- **14L** drinken
- **15A** kopen

Horizontaal:
- **C2** kosten
- **F8** spreken
- **G1** liefhebben
- **I1** spelen
- **I9** komen
- **K4** weten
- **M2** gaan
- **M8** geven
- **O10** zien
- **P1** zijn

Bravo, je bent klaar met hoofdstuk 22! Tijd om de icoontjes op te tellen en het resultaat over te brengen naar pagina 128 voor je eindevaluatie.

23
Scheidbare/onscheidbare werkwoorden

Vorming

Er zijn 3 soorten werkwoorden met een voorvoegsel (of prefix): **onscheidbare**, **scheidbare** en werkwoorden met een **scheidbare én onscheidbare vorm** (zie p. 94).

	infinitief	onvoltooid tegenwoordige tijd	onvoltooid verleden tijd	voltooid tegenwoordige tijd
onscheidbaar	**be**ginnen *beginnen*	**be**ginnt	**be**gann	hat… **be**gonnen
scheidbaar	**an**kommen *aankomen*	kommt… **an**	kam… **an**	ist… **an**gekommen

Onscheidbare werkwoorden

- Werkwoorden die beginnen met het (onbeklemtoond) voorvoegsel **be-, emp-, ent-, er-, ge-, miss-, ver-** of **zer-** zijn onscheidbaar.

- Het voltooid deelwoord van deze werkwoorden wordt zonder **ge-** gevormd.

→ Hat der Film schon begonnen? *Is (lett. had) de film al begonnen?* – Nein, er beginnt jetzt. *Nee, hij begint nu.*

- Veel gebruikte onscheidbare werkwoorden:

bekommen /
hat… bekommen
krijgen, bekomen

bezahlen /
hat… bezahlt
betalen

empfehlen /
hat… empfohlen
aanbevelen

erklären /
hat… erklärt
verklaren, uitleggen

erlauben /
hat… erlaubt
veroorloven, toelaten

erzählen /
hat… erzählt
vertellen

gewinnen /
hat… gewonnen
winnen

sich entschuldigen /
hat sich… entschuldigt
zich verontschuldigen

vergessen /
hat… vergessen
vergeten

verstehen /
hat… verstanden
verstaan

SCHEIDBARE/ONSCHEIDBARE WERKWOORDEN

❶ Vul de zinnen aan met een van de werkwoorden uit het lijstje op p. 92, in de **infinitief, o.t.t. of v.t.t.**:

a. Das ist schwer. Ich .... das nicht. Kannst du es mir ....?

b. Wir haben 5 zu 1 (5-1) .... – Super!

c. Habe ich Post (post) ....?

d. Wie viel hast du für das Kino ....?

e. Hast du dich für die Verspätung (vertraging) ....?

f. Was .... Sie mir? Rotwein oder Weißwein (rode wijn of witte wijn)?

Scheidbare werkwoorden

- Werkwoorden die beginnen met het (beklemtoond) voorvoegsel **an-, aus-, mit-, zurück-** enz. (deze kunnen op zich voorkomen als voorzetsel of bijwoord) zijn scheidbaar, behalve in de infinitief- en deelwoordvorm); bij scheiding sluit het voorvoegsel de zin af, bv.
  → Er kommt um 15 Uhr an. *Hij komt om 15 uur aan.*

- In het **voltooid deelwoord** staat **ge-** achter het voorvoegsel
  → Er ist um 15 Uhr angekommen. *Hij is om 15 uur aangekomen.*

- **Veel gebruikte scheidbare werkwoorden**:

  anfangen / hat... **an**ge**fangen**
  aanvangen, beginnen

  anmachen / hat... **an**ge**macht**
  aanmaken, -steken, -doen

  anrufen / hat... **an**ge**rufen**
  (op)bellen

  aufhören / hat... **auf**ge**hört**
  ophouden

  aufmachen / hat... **auf**ge**macht**
  openmaken, openen

  aussteigen / ist... **aus**ge**stiegen**
  uitstappen (bus, trein,...)

  einkaufen / hat... **ein**ge**kauft**
  in-, aankopen, winkelen

  einladen / hat... **ein**ge**laden**
  uitnodigen

  losfahren / ist... **los**ge**fahren**
  vertrekken, wegrijden

  zumachen / hat... **zu**ge**macht**
  toe-, dichtdoen

SCHEIDBARE/ONSCHEIDBARE WERKWOORDEN

2 Vul de zinnen aan met een werkwoord uit het lijstje op p. 93, in de infinitief, imperatief of v.t.t.:

a. Ich habe das Fenster ....! Es ist kalt.

b. Sabine hat uns zu ihrer Party *(feestje)* ....

c. Kannst du bitte die Tür *(deur)* .... ? Es hat geklingelt *(Er werd aangebeld* (lett. *Het heeft gebeld)).*

d. Es ist so dunkel *(donker)* hier. .... bitte das Licht *(licht)* ....!

e. Habt ihr alles .... ? – Bier, Wein, Chips…

f. Schnell! Der Film hat schon ....

(On)scheidbare werkwoorden

- Sommige werkwoorden die beginnen met het voorvoegsel **durch-, über-, um-, unter-, voll-** of **wieder-** kunnen scheidbaar of onscheidbaar zijn; de klemtoon ligt dan anders en de betekenis verschilt (vgl. met 'ondergaan' in het Nederlands: de zon gaat onder / ze ondergaat een metamorfose). De eigenschappen van (on)scheidbaarheid blijven per geval gelden.

→ Die Sonne geht um 20 Uhr <u>unter</u>. *De zon gaat om 20 uur onder.* Die Sonne ist um 20 Uhr <u>unter</u>gegangen. *De zon is om 20 uur ondergegaan.*

→ Ich <u>unter</u>schreibe auch den Brief. *Ik onderteken ook de brief.* Ich habe auch den Brief <u>unter</u>schrieben. *Ik heb ook de brief ondertekend.*

umfahren / hat… umfahren
omrijden, -varen

umsteigen / ist… umgestiegen
overstappen (bus, trein,…)

wiederholen / hat… wiederholt
herhalen

wiedersehen / hat… wiedergesehen
terugzien

SCHEIDBARE/ONSCHEIDBARE WERKWOORDEN

3 Vul de zinnen aan met een van de werkwoorden van p. 94, in de **v.t.t.** of **imperatief**:

a. Bitte .... Sie Ihren Namen!

b. .... Sie die Stadt! Es gibt *(Er is)* viel Verkehr *(verkeer)*.

c. Ich habe ihn nach 10 Jahren ....

d. Wo seid ihr .... ? – In Bonn.

De partikels *hin* en *her*

- **Hin** *heen, naartoe* wijst op een beweging weg van de spreker, vaak in combinatie met werkwoorden zoals **gehen, fahren**, → *hingehen heengaan, erheen, -naartoe gaan, weggaan*, bv.:
Geht doch hin! *Gaan jullie er toch heen!*

- **Her** *hier(heen), vandaan* wijst op een beweging naar de spreker toe, vaak in combinatie met het werkwoord **kommen** → *herkommen hier(heen), vandaan komen*, bv.:
Komm schnell her! *Kom snel hier(heen)!*

4 Vertaal de volgende zinnen:

a. Ga er toch heen!..

b. Ga je erheen?..

c. Komt u hier(heen)!...

d. Komen jullie hier(heen)! ....

Bravo, je bent klaar met hoofdstuk 23! Tijd om de icoontjes op te tellen en het resultaat over te brengen naar pagina 128 voor je eindevaluatie.

Werkwoorden met een vast voorzetsel

Vorming

Veel Duitse werkwoorden worden gebruikt met een vast voorzetsel, waar dan een naamval, de accusatief of datief, bij hoort. Je leert ze best geval per geval.

Voorbeelden:

- **werkwoord + voorzetsel + accusatief:** sich an jemanden/etwas erinnern *zich iemand/iets herinneren* → Ich erinnere mich sehr gut <u>an ihn</u>. *Ik herinner me hem heel goed.*

- **werkwoord + voorzetsel + datief:** mit jemandem/etwas beginnen *met iemand/iets beginnen* → Wir beginnen <u>mit ihm</u>. *We beginnen met hem.*

Vaak zijn de combinaties vergelijkbaar met die in het Nederlands, maar dus niet altijd... En denk ook aan de naamvallen in het Duits!

anfangen/beginnen mit + dat.
beginnen met

danken für + acc.
danken voor

denken an + acc.
denken aan

einladen zu + dat.
uitnodigen om/op/voor

sich erinnern <u>an</u> + acc.
zich herinneren

sich gewöhnen <u>an</u> + acc.
wennen aan

gratulieren zu + dat.
feliciteren met

träumen von + dat.
dromen van/over

sich verlieben <u>in</u> + acc.
verliefd worden op

warten auf + acc.
wachten op

 Verwoord de dromen met gebruik van de datief:

a. Paula träumt von ....
(ein guter Schokoladenkuchen, *een lekker chocoladegebak*)

b. Peter träumt von ....
(eine Insel im Pazifik, *een eiland in de Stille Oceaan*)

c. Die Kinder träumen von ....
(neue Spielsachen *(mv.)*, *nieuwe speeltjes, nieuw speelgoed*)

WERKWOORDEN MET EEN VAST VOORZETSEL

2 Vul de zinnen aan met onderstaande elementen:

das Geschenk
het geschenk

den Bus

den Luxus
de luxe

Geburtstag

meiner Party

diese Tage in Paris

einem Bier

a. Ich warte auf ....
b. Ich danke dir für ....
c. Ich denke oft (*dikwijls*) an ....
d. Ich möchte dich zu.................................... einladen.
e. Man gewöhnt sich schnell an ....
f. Ich fange mit .... an.
g. Ich gratuliere dir zum ....

Sich freuen

Sich freuen *zich verheugen* kan gebruikt worden met twee verschillende voorzetsels, afhankelijk van de context:

- **sich freuen + auf** = *zich verheugen op* iets in de **toekomst**, bv.: Ich freue mich auf deinen Besuch. *Ik verheug me op je bezoek.*

- **sich freuen + über** = *zich verheugen over, blij zijn met* iets in het **heden** of **verleden**, bv.: Ich freue mich über deinen Besuch. *Ik ben blij met (verheug me over) je bezoek.* Ich habe mich über deinen Besuch gefreut. *Je bezoek heeft me verheugd, plezier gedaan (Ik heb me verheugd over...).*

3 Vul aan met AUF of ÜBER:

a. Wir freuen uns .... die Party von morgen.
b. Ich freue mich .... diese gute Nachricht *(bericht, nieuws)*.
c. Er freut sich .... die nächsten Ferien.
d. Danke! Ich habe mich sehr .... deinen Brief gefreut.
e. Freust du dich .... die Blumen?
– Ja, danke. Sie sind sehr schön.

WERKWOORDEN MET EEN VAST VOORZETSEL

Herhaling vermijden

Ich denke an die Kinder/Ferien. *Ik denk aan de kinderen/vakantie.* – Ich denke auch an ~~die Kinder/Ferien~~. *Ik denk ook aan ~~de kinderen/vakantie~~...*

Net als in het Nederlands kan herhaling van de naamwoordgroep vermeden worden door het gebruik van:

- **een persoonlijk voornaamwoord** bij een levend wezen → Ich denke auch an sie. *Ik denk ook aan hen.* → **sie** = acc. mv., vervangt die Kinder.
- **da-** (**dar-** vóór een klinker) bij zaken, zowel in de accusatief als in de datief → Ich denke auch daran. *Ik denk ook daaraan, er ook aan.* → **dar** (**-r** vóór **an**) vervangt die Ferien.

 Vermijd herhaling, zoals in de voorbeelden hierboven:

a. Kannst du dich an <u>ihren Mann</u> erinnern?
– Ja, ich kann mich sehr gut .... erinnern.

b. Er wartet auf <u>die Kinder</u>.
– Ich warte auch ....

c. Ich warte auf <u>den Bus</u>.
– Ich warte auch ....

d. Ich beginne mit <u>den Deutschübungen</u>.
– Ich beginne auch ....

e. Ich denke oft an <u>Paul</u>.
– Ich denke auch oft ....

f. Ich muss mich an <u>das Klima</u> *(klimaat)* gewöhnen.
– Ich muss mich auch .... gewöhnen.

WERKWOORDEN MET EEN VAST VOORZETSEL

Vraagzinnen

Ook hier wordt een onderscheid gemaakt tussen een vraag over een levend wezen of een zaak:

- **een levend wezen:** vraag met **voorzetsel + wen** bij werkwoorden die met de accusatief staan of **wem** bij werkwoorden met de datief, bv.:
denken an → <u>An wen</u> denkst du? *Aan wie denk je?* – An dich! *Aan jou!*
träumen von → <u>Von wem</u> träumst du? – *Van/Over wie droom je?* – Von dir! *Van/Over jou!*

- **een zaak: wo-** (**wor-** vóór een klinker) **+ voorzetsel**, bv.:
<u>Woran</u> denkst du? *Waaraan denk je?* – An nichts! *Aan niets!*
<u>Wovon</u> träumst du? *Waarvan/Waarover droom je?* – Von den Ferien. *Van/Over de vakantie.*

5 Vul aan met een vragend voornaamwoord:

a. ……………………………… wartest du? – Auf den Bus.

b. ……………………………… fangt ihr an? – Mit den Hausaufgaben *(huistaken, huiswerk)*.

c. ……………………… wartest du? – Auf meine Freundin.

d. ……………………………… freut er sich? – Über seine Note *(cijfer, beoordeling)*.

e. ……………………………… hat er sich verliebt? – In Eva.

f. …………… freuen sie sich? – Auf die Party von morgen.

Bravo, je bent klaar met hoofdstuk 24! Tijd om de icoontjes op te tellen en het resultaat over te brengen naar pagina 128 voor je eindevaluatie.

Vergelijken

Trappen van vergelijking

stellende trap (gelijkheid)	Ich renne so schnell wie du. *Ik ren zo/even snel als jij.*
vergrotende trap (comparatief)	Ich renne schneller als du. *Ik ren sneller dan jij.*
overtreffende trap (superlatief)	Ich renne am schnellsten. *Ik ren het snelst.*

De basisregels zijn bij een bijvoeglijk naamwoord en een bijwoord de volgende:

- **gelijkheid:**
  → **so** + bijvoeglijk naamwoord / bijwoord + **wie**…

- **vergrotende trap** (bij het vergelijken van twee (groepen) personen/zaken):
  → **bijvoeglijk naamwoord / bijwoord + -er + als**… ; bovendien komt er bij veel bijvoeglijke naamwoorden en bijwoorden een **umlaut** op de **a, o** of **u** bij, bv.:
  Paul ist j<u>ü</u>ng<u>er</u> <u>als</u> ich. *Paul is jonger dan ik.*

- **overtreffende trap** (bij het vergelijken van drie of meer (groepen) personen/zaken):
  → **am** + bijvoeglijk naamwoord / bijwoord + **-sten**; bijvoeglijke naamwoorden en bijwoorden die een umlaut krijgen in de comparatief, krijgen die ook in de superlatief, bv.:
  Paul ist <u>am</u> j<u>ü</u>ng<u>sten</u>. *Paul is de jongste.*

1 Memoriseer de nieuwe bijvoeglijke naamwoorden en vertaal die welke je al kende:

a. dick → *dik*

b. klein → ……………………

c. groß → ……………………

d. schlank → *slank*

e. hübsch → ……………………

f. hell → *licht, hel(der)*

g. dunkel → ……………………

h. lang → ……………………

i. schwer → ……………………

j. kurz → *kort*

k. einfach → *eenvoudig*

l. breit → *breed*

m. eng → *eng, nauw, smal*

VERGELIJKEN

2 Vul de tabel aan:

gelijkheid	vergrotende trap	overtreffende trap
a. Paul ist so …… wie ich.	Paul ist dicker als ich.	**e.** Paul ist am …………….
b. Paul ist so ……. wie ich.	**c.** Paul ist ………. als ich.	Paul ist am schlanksten.
Paul ist so klein wie ich.	**d.** Paul ist ………. als ich.	**f.** Paul ist am …………….

3 Vul aan met WIE, ALS of AM:

a. Ich esse so viel ………………………… du.

b. Sie ist größer …………………………… er.

c. Eva ist hübscher …………………Sabine.

d. Wer ist ……………………… kleinsten? Peter, Sabine oder du?

e. Ich esse weniger *(minder)* ………….. du.

f. Ich bin ………………………………….. schlanksten.

Bijvoeglijk naamwoord bij een zelfstandig naamwoord

De regels zijn vergelijkbaar met die hiernaast, maar bij een bijvoeglijk naamwoord in de vergrotende of overtreffende trap dat vóór een zelfstandig naamwoord staat, moet ook rekening gehouden worden met een verbuigingsuitgang!

- **Vergrotende trap: bijvoeglijk naamwoord + -er + uitgang**, bv.:
Ich nehme die klein<u>ere</u> Tasche. *Ik neem de kleinere tas* (bij keuze tussen twee tassen).

- **Overtreffende trap: bijvoeglijk naamwoord + -st + uitgang**, bv.:
Ich nehme die klein<u>ste</u> Tasche. *Ik neem de kleinste tas* (bij keuze tussen drie of meer tassen).

- De toevoeging van een umlaut gebeurt zoals bij alleenstaande bijvoeglijke naamwoorden, bv.: Wie alt ist die älteste Frau der Welt? *Hoe oud is de oudste vrouw ter wereld?*

VERGELIJKEN

4 Vul de tabel aan:

	vergrotende trap	overtreffende trap
die helle Hose		
	das schön**ere** Auto	
		die einfach**sten** Übungen
der junge Mann		

5 Vul de uitgangen van de bijvoeglijke naamwoorden aan:

a. Ist das Hotel billig?
– Ja, aber ich kenne ein billiger............................ Hotel.

b. Für mich bist du die schönst................ Frau der Welt.

c. Sie haben einen Zug um 10 Uhr oder um 12 Uhr 30.
– Ich nehme den früher .... Zug.

d. Der Nil *(Nijl)* ist der längst.. Fluss *(stroom)* der Welt.

e. Diese Tasche ist zu *(te)* klein.
Hast du keine größer .... Tasche?

f. Zieh *(Trek)* dein schönst .... Kleid an. Heute lade ich dich ins Restaurant ein!

VERGELIJKEN

Onregelmatige vormen

- Bijvoeglijke naamwoorden en bijwoorden die eindigen op **-d**, **-t**, **-s**, **-ss**, **-ß**, **-z** of **-sch** lassen in de superlatief meestal een eufonische **e** in, bv.: **breit → am breitesten, der breiteste**; een van de uitzonderingen is **groß → am größten, der größte**.

- En dan zijn er nog bijzondere vormen:

	op zich	vóór een zelfstandig naamwoord
goed	gut → besser → am besten	der gute → der bessere → der beste
hoog	hoch → höher → am höchsten	der hohe → der höhere → der höchste
dichtbij	nah → näher → am nächsten	der nahe → der nähere → der nächste
veel	viel → mehr → am meisten	→ mehrere* → die meisten
duur	teuer → teurer → am teuersten	der teu(e)re → der teuerere → der teuerste
donker	dunkel → dunkler → am dunkelsten	der dunkle → der dunklere → der dunkelste

*****Mehrere** *meerdere, verscheidene* wordt zonder lidwoord gebruikt.

6 Geef de comparatief of superlatief van de bijvoeglijke naamwoorden / bijwoorden die we tussen haakjes aanduiden:

a. Ich esse .... als du, aber Paul isst .... von allen *(allemaal)*. **(viel)**

b. Wo ist der .... Turm *(toren)* der Welt? **(hoch)**

c. Was ist ....? Der Zug oder das Flugzeug? **(teuer)**

d. Ich kenne viele gute Restaurants, aber .... isst man beim Italiener. **(gut)**

e. Diese Schuhe sind zu hell. Hast du keine .... Schuhe? **(dunkel)**

f. Wer wohnt .... ? Sabine oder Petra? **(nah)**

Bravo, je bent klaar met hoofdstuk 25! Tijd om de icoontjes op te tellen en het resultaat over te brengen naar pagina 128 voor je eindevaluatie.

Smaak en voorkeur

Gern graag

Om **smaak en voorkeur** uit te drukken zijn gradaties als **gern**, **lieber** en **am liebsten** nuttig, bv.:

– Ich trinke **gern** Wein.
Ik drink graag wijn.
– Ich trinke **lieber** Bier (als Wein).
Ik drink liever bier (dan wijn).
– **Am liebsten** trinke ich Champagne. / Ich trinke am liebsten Champagne.
Het liefst drink ik champagne. / Ik drink het liefst champagne.

- **gern** *graag* en **lieber** *liever* staan achter het werkwoord;
- **am liebsten** *het liefst(e)* kan vóór of achter het werkwoord staan, al benadrukt het vooraan in een zin nog meer de absolute voorkeur.

Dus, bijna helemaal zoals in het Nederlands.

** Vul aan met GERN, LIEBER of AM LIEBSTEN:**

a. Isst du ……………………… Fleisch oder Fisch *(vis)*?

b. Was isst du ………..? Eine Pizza, Fleisch oder Fisch?

c. Kommst du …………… um 10 Uhr oder um 12 Uhr?

d. Gehen wir ins Restaurant, ins Kino oder ins Theater?
– ……………………………………… bleibe ich zu Hause.

e. Wohnt ihr ……… in Deutschland oder in Österreich?

f. Trinkst du ……………… Tee *(thee)*? – Ja, sehr gern!

g. Sprechen Sie ……………… Deutsch oder Englisch?

Gern haben

Gern haben geeft *graag hebben, graag zien, mogen, houden van, sympathiek,… vinden* weer, bv.:

– Ich habe Paul gern.
– Ich habe Sabine lieber (als Paul).
– Am liebsten habe ich Petra. / Ich habe Petra am liebsten.

SMAAK EN VOORKEUR

Die Farben *de kleuren*

Blau → *blauw* Lila → *lila, paars*
Braun → *bruin* Rot → *rood*
Gelb → *geel*   Schwarz → *zwart*
Grün → *groen* Weiß → *wit*

2 Vertaal de volgende zinnen:

a. Ik hou van groen.
→ ....

b. Ik zie liever rood dan blauw.
→ ....

c. Wat zie je het liefst? Wit, bruin of zwart?
→ ....

Lieblings-

- **Lieblings-** wordt gebruikt zoals *lievelings-*, maar met hoofdletter, bv.:
  der Schauspieler / die Schauspielerin *de acteur/actrice*
  → mein Lieblingsschauspieler / meine Lieblingsschauspielerin *mijn lievelingsacteur/lievelingsactrice*.

- Mein Liebling = *mijn lieveling, lieverd, liefste*.

3 Vorm samenstellingen met **Lieblings-** en vertaal ze:

a. das Buch → .... c. die Sprache → ....

b. die Lehrerin → .... d. das Land → ....

Bravo, je bent klaar met hoofdstuk 26! Tijd om de icoontjes op te tellen en het resultaat over te brengen naar pagina 128 voor je eindevaluatie.

27 Voorwaardelijke wijs

Gebruik en *würde*-vorm

ich **würde**… kommen	
du **würdest**… kommen	
er/sie/es **würde**… kommen	
wir **würden**… kommen	
ihr **würdet**… kommen	
sie/Sie **würden**… kommen	

Iets voorwaardelijks of hypothetisch wordt in het Duits uitgedrukt met de **Konjunktiv II** (een aanvoegende wijs), die in de tegenwoordige tijd twee vormen kent, nl. een enkelvoudige (zie p. 107) en een samengestelde vorm.

- De **samengestelde vorm, werden in de Konjunktiv II + infinitief** van het hoofdwerkwoord (die aan het einde van de zin staat), wordt bij de meeste werkwoorden gebruikt, bv.:

Ich <u>würde</u> morgen <u>kommen</u>. *Ik zou morgen komen.*
Wann <u>würdest</u> du morgen <u>kommen</u>? *Wanneer zou je morgen komen?*
<u>Würdest</u> du morgen <u>kommen</u>? *Zou je morgen komen?*

1 Vorm met onderstaande elementen voorwaardelijke zinnen in de samengestelde vorm van de Konjunktiv II:

nach Berlin ich fahren

gehen er wohin ?

schreiben wir ihm eine Mail

du ? schreiben eine Mail

a. ....
....
....

b. ....
....
....

c. ....
....
....

d. ....
....
....

VOORWAARDELIJKE WIJS

2 Vertaal de volgende zinnen:
Mit viel Geld... *Met veel geld...*

a. Wat zou je doen?
→ ....
b. Ik zou niet werken.
→ ....
c. Ik zou altijd tot 12 uur ('middag') slapen.
→ ....
d. Ik zou een mooi huis kopen.
→ ....
e. Ik zou veel reizen (reisen).
→ ....
f. En ik zou met je trouwen.
→ ....

Enkelvoudige vorm

	haben	sein	sollen
ich	hätte	wäre	sollte
du	hättest	wär(e)st*	solltest
er/sie/es	hätte	wäre	sollte
wir	hätten	wären	sollten
ihr	hättet	wär(e)t*	solltet
sie/Sie	hätten	wären	sollten

*De **e** wordt meestal weggelaten.

- De **enkelvoudige vorm** (die dus uit één werkwoordelement bestaat) wordt tegenwoordig vooral gebruikt bij **haben**, **sein**, de **zes modale werkwoorden** en **wissen**.

- Vervoeging van deze werkwoorden:
  - **haben** en **sein** zijn onregelmatig
  - o.v.t.-stam + Konjunktiv II-uitgang + umlaut bij müss-/möch-/dürf-/könn- en wüss-, maar niet bij soll-/woll-.

VOORWAARDELIJKE WIJS

3 Ziehier de o.v.t.-basis van modale werkwoorden en van **wissen**; vul de Konjunktiv II-uitgangen verder aan:

a. **wollen**
→ Sie wollt.........

b. **dürfen**
→ ihr dürft.........

c. **können**
→ ich könnt.........

d. **müssen**
→ wir müsst.........

e. **mögen**
→ du möcht.........

f. **wissen**
→ er wüsst.........

4 Vervoeg de werkwoorden in de gebruikelijke vorm (samengestelde of enkelvoudige) van de Konjunktiv II; sommige stippellijnen kunnen leeg blijven!

a. .... du ein Eis *(ijs(je))* .... ? **(mögen)**

b. .... ihr mir bitte helfen .... ? **(können)**

c. Wann .... Sie nach Paris ....? **(fahren)**

d. Sabine .... für die Deutschprüfung lernen .... **(sollen)**

e. Meine Kinder .... auf eine andere Schule .... **(gehen)**

f. Es .... super! **(sein)**

g. Er .... auch Deutsch .... **(lernen)**

VOORWAARDELIJKE WIJS

Wenn

Wenn *als* drukt het voorwaardelijke uit aan het begin van een bijzin (het vervoegd werkwoord sluit de bijzin af).

Let op het Duitse gebruik van tijd en wijs:

- **de uitkomst van de voorwaarde is reëel** → hoofdzin en bijzin in de onvoltooid tegenwoordige tijd, bv.:
  Er kommt morgen, wenn er Zeit hat. / Wenn er Zeit hat, kommt er morgen. *Hij komt morgen, als hij tijd heeft. / Als hij tijd heeft, komt hij morgen.*

- **de uitkomst van de voorwaarde is onzeker en nog niet gerealiseerd** → hoofdzin en bijzin in de Konjunktiv II, bv.:
  Er würde morgen kommen, wenn er Zeit hätte. / Wenn er Zeit hätte, würde er morgen kommen. *Hij zou morgen komen, als hij tijd 'zou hebben'. / Als hij tijd 'zou hebben', zou hij morgen komen.*

5 Zet reële toestanden om in onzekere, en omgekeerd:

a. Wenn wir Geld haben, kaufen wir ein schönes Haus.
→ ....

b. Wenn er eine Arbeit finden würde, könnte er in München bleiben.
→ ....

c. Wenn ich krank wäre, würde ich nicht arbeiten.
→ ....

d. Wenn du reich bist, heirate ich dich.
→ ....

Bravo, je bent klaar met hoofdstuk 27! Tijd om de icoontjes op te tellen en het resultaat over te brengen naar pagina 128 voor je eindevaluatie.

28 Beknopte bijzinnen

Met *zu* (te)

Wat beknopte bijzinnen betreft, zullen we ons beperken tot die met '**zu** *te* + infinitief' (altijd aan het einde van de zin). Heel herkenbare materie voor een Nederlandstalige, maar let op het volgende:

- als de beknopte bijzin een voorwerp of een bepaling bevat, wordt hij in het Duits meestal van de hoofdzin gescheiden door een komma (de regel hieromtrent is niet altijd even duidelijk), bv.:
  → Er versucht, morgen <u>zu</u> kommen. *Hij tracht morgen <u>te</u> komen.*

- bij scheidbare werkwoorden staat **zu** tussen het voorvoegsel en de basis-infinitief, alles aan elkaar geschreven, bv. bij **losfahren** *wegrijden, vertrekken:*
  → Er versucht, früher lo<u>szu</u>fahren. *Hij tracht vroeger weg <u>te</u> rijden, te vertrekken.*

- na constructies als 'haben/machen + naamwoord' of 'es ist + naamwoord' wordt alleen **zu** gebruikt, bv.:
  → Ich habe keine Zeit, spazieren <u>zu</u> gehen. *Ik heb geen tijd <u>om te</u> gaan wandelen.* Es ist toll, Deutsch <u>zu</u> lernen. *Het is geweldig <u>om</u> Duits <u>te</u> leren.*

- net als in het Nederlands wordt er **geen zu** gebruikt **bij een infinitief achter een modaal werkwoord**, noch achter **bleiben, gehen, hören** *(horen)*, **lassen** *(laten)*, **lernen, sehen** en nog een aantal werkwoorden, bv.:
  → Ich kann das machen. *Ik kan dat doen.* Ich lasse dich in Ruhe arbeiten. *Ik laat je rustig (lett. in rust) werken.*

❶ Even een paar (on)scheidbare werkwoorden herhalen; kruis aan in welke kolom ze horen en vertaal ze:

werkwoord	scheidbaar	onscheidbaar	vertaling
anfangen			
anrufen			
erklären			
wiederholen			
gewinnen			
bezahlen			
einladen			

BEKNOPTE BIJZINNEN

2 **Met of zonder ZU?**

a. Ich lerne .... schwimmen.
b. Ich freue mich, dich .... sehen.
c. Er will mich nicht .... sehen.
d. Ich versuche, dich an .... rufen.
e. Hörst du die Kinder .... lachen *(lachen)*.
f. Ich hoffe, dich wieder .... sehen.

3 **Vorm de volgende zinnen om tot beknopte bijzinnen:**
Voorbeeld: Ich komme morgen. *Ik kom morgen.* → **Ich plane, morgen zu kommen.** *Ik plan morgen te komen.*

a. Ich mache eine Reise *(reis)* nach Japan.
→ Ich plane, ...

b. Ich stehe morgen um 5 Uhr auf.
→ Ich versuche, ...

c. Ich lade alle meine Freunde ein.
→ Ich freue mich, ...

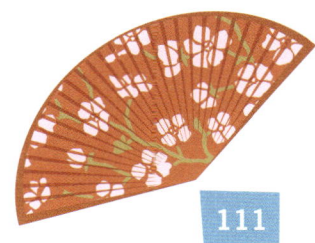

BEKNOPTE BIJZINNEN

4. Vorm de zinnen om, zoals in het voorbeeld:
Voorbeeld: Ich möchte dich sehen. *Ik zou je willen zien.* → Ich habe Lust, dich zu sehen. *Ik heb zin om je te zien.*

a. Ich möchte eine große Party machen. → Ich habe Lust, ...

b. Sie möchte nach China fliegen. → Sie hat Lust, ...

c. Er möchte sich ein neues Auto kaufen. → Er hat Lust, ...

d. Er möchte ins Kino gehen. → Er hat Lust, ...

Met *um zu* (om te)

De plaats van **zu** is dezelfde: vóór de infinitief of, bij een scheidbaar werkwoord, tussen het voorvoegsel en de basisinfinitief;

um staat vóór een bepaling of, bij gebrek hieraan, vóór **zu**.

→ Ich bleibe zu Hause, um (mit dir) zu arbeiten. *Ik blijf thuis om (met jou) te werken.*
Ich brauche Zeit, um aufzustehen. *Ik heb tijd nodig om op te staan.*

BEKNOPTE BIJZINNEN

5 Vorm de zinnen om, zoals in het voorbeeld:
Voorbeeld: Ich brauche den Computer. Ich schicke eine Mail. *Ik heb de computer nodig. Ik verstuur een mail.* → Ich brauche den Computer, um eine Mail zu schicken. *Ik heb de computer nodig om een mail te versturen.*

a. Ich brauche das Deutschbuch. Ich lerne für die Prüfung.
→ ....

b. Er fährt nach Berlin. Er besucht seine Tante.
→ ....

c. Wir kaufen einen neuen Ball. Wir spielen Fußball *(voetbal)*.
→ ....

d. Ich rufe dich an. Ich erzähle dir alles.
→ ....

6 Geef de infinitief van de in de o.t.t., v.t.t. of o.v.t. vervoegde werkwoorden:

   a. er konnte → ....
   b. er ist gegangen → ....
   c. er ist geblieben → ....
   d. er hatte → ....
   e. er liest → ....
   f. er fängt an → ....
   g. er hilft → ....
   h. er durfte → ....
   i. er will → ....
   j. er weiß → ....

Bravo, je bent klaar met hoofdstuk 28! Tijd om de icoontjes op te tellen en het resultaat over te brengen naar pagina 128 voor je eindevaluatie.

Betrekkelijke bijzinnen

Vorming

	mannelijk enkelvoud	vrouwelijk enkelvoud	onzijdig enkelvoud	meervoud (m./v./o.)
nominatief	der	die	das	die
accusatief	den	die	das	die
datief	dem	der	dem	denen

- **De verbuiging van het betrekkelijk voornaamwoord is dezelfde als die van het bepaald lidwoord der, die, das**, behalve in de 3e naamval meervoud (en in de genitiefvormen, maar deze worden in dit boek niet behandeld).

- **Bij de verbuiging van het betrekkelijk voornaamwoord wordt rekening gehouden met:**
  - geslacht (mannelijk/vrouwelijk/onzijdig) en getal (enkelvoud/meervoud) van zijn antecedent (woord(groep) waarnaar het verwijst)
  - de naamval (nominatief, accusatief, datief) die overeenkomt met de functie van het betrekkelijk voornaamwoord in de bijzin.

- Een betrekkelijke bijzin staat **tussen komma's**, verder is de zinstructuur vergelijkbaar met de Nederlandse.

Voorbeelden:

– Der Junge, **der** bei uns wohnt, kommt aus Rom. *De jongen die bij ons woont, komt uit Rome.* Waarom **der (nominatief)**? → het verwijst naar **der Junge** (m. ev.) en fungeert in de bijzin als onderwerp.

– Der Junge, **den** du gestern getroffen hast, kommt aus Rom. *De jongen die je gisteren ontmoet hebt, komt uit Rome.* Waarom **den (accusatief)**? → het verwijst naar **der Junge** (m. ev.) en fungeert in de bijzin als lijdend voorwerp.

– Kennst du den Jungen, **der** gestern gekommen ist. *Ken je de jongen die gisteren gekomen is?* Waarom **der (nominatief)**? → het verwijst naar **den Jungen** (m. ev.) en is in de bijzin het onderwerp.

❶ Vul het betrekkelijk voornaamwoord aan:

BETREKKELIJKE BIJZINNEN

2 Vul het betrekkelijk voornaamwoord aan:

a. Das Mädchen, ... bei uns wohnt, kommt aus Südamerika *(Zuid-Amerika)*.

b. Die Studenten, ... du gestern getroffen hast, kommen aus China.

c. Der Junge, ... du das Buch gegeben hast, ist mein Schüler.

d. Ich treffe die französische Studentin, ... in deinem Deutschkurs ist.

e. Die Studenten, ... du das Buch gegeben hast, können sehr gut Deutsch.

f. Kennst du den jungen Mann, ... gestern bei mir war?

3 Vorm de 2e zin om tot een betrekkelijke bijzin:
Voorbeeld: <u>Der neue Schüler</u> kommt aus Spanien (Spanje). <u>Der neue Schüler</u> ist in meiner Klasse (klas). → <u>Der neue Schüler, der</u> in meiner Klasse ist, kommt aus Spanien.

a. <u>Das kleine Mädchen</u> heißt Sabine. <u>Das kleine Mädchen</u> spielt immer mit mir.
→ ....

b. <u>Der Kuchen</u> ist gut. Du hast <u>den Kuchen</u> gekauft.
→ ....

c. <u>Das Auto</u> ist teuer. Ich kaufe <u>das Auto</u>.
→ ....

BETREKKELIJKE BIJZINNEN

Betrekkelijke bijzin met voorzetsel

- Een betrekkelijke bijzin kan ingeleid worden met een voorzetsel. Dit bepaalt dan de naamval.

- **Kennst du den Mann, für den ich arbeite?** *Ken je de man voor wie (lett. die) ik werk?*
  den → het verwijst naar **den Mann** (m. ev.) en op **für** volgt een accusatief.

- **Kennst du die Dame, mit der ich arbeite?** *Ken je de dame met wie (lett. die) ik werk?*
  der → het verwijst naar **die Dame** (v. ev.) en op **mit** volgt een datief.

4 Vul het betrekkelijk voornaamwoord aan:

a. Kennst du die Frau, für .... ich arbeite?

b. Kennst du den Mann, mit .... ich arbeite?

c. Kennst du die Leute, für .... ich arbeite?

d. Kennst du die Leute, mit .... ich arbeite?

5 Herschik de betrekkelijke bijzinnen:

dem ich mit arbeite	mit dem ich habe gearbeitet	der bei wir waren

a. Das is das Buch, ...
....
....

b. Das is das Buch, ...
....
....

c. Das is die Frau, ...
....
....

BETREKKELIJKE BIJZINNEN

 Vul de zinnen aan met onderstaande antecedenten:

die Leute **einen Bäcker** **die Familie**

der Freund **das Buch** **die Blumen**

a. Das ist ……………………………………, bei der ich in Berlin gewohnt habe.
b. Kennst du ……………………………………, die heute zu uns kommen?
c. ……………………………………, mit dem ich im Kino war, ist Italiener.
d. ……………………………………, das ich lese, ist gut.
e. ……………………………………, die du mir geschenkt hast, sind schön.
f. Ich kenne ……………………………………, der gutes Brot macht.

Bravo, je bent klaar met hoofdstuk 29! Tijd om de icoontjes op te tellen en het resultaat over te brengen naar pagina 128 voor je eindevaluatie.

30
Passieve vorm

Gebruik en vervoeging

	onvoltooid tegenwoordige tijd	voltooid tegenwoordige tijd
ich	werde… operiert	bin… operiert worden
du	wirst… operiert	bist… operiert worden
er/sie/es	wird… operiert	ist… operiert worden
wir	werden… operiert	sind… operiert worden
ihr	werdet… operiert	seid… operiert worden
sie/Sie	werden… operiert	sind… operiert worden

Met de passieve (of lijdende) vorm wordt uitgedrukt dat iemand/iets een <u>handeling</u> ondergaat. Hij kan in alle tijden gebruikt worden, maar we beperken ons tot de onvoltooid tegenwoordige tijd en de voltooid tegenwoordige tijd.

Die vervoeging is als volgt:

- o.t.t.: werden *worden* in de o.t.t. + voltooid deelwoord van het hoofdwerkwoord (dat de zin afsluit) → Er wird heute operiert. *Hij wordt vandaag geopereerd.*

- v.t.t.: sein *zijn* in de o.t.t. + voltooid deelwoord van het hoofdwerkwoord en **worden** (die de zin afsluiten) → Er ist heute operiert worden. *Hij is vandaag geopereerd (geworden).*
(In de passieve vorm verliest het voltooid deelwoord van **werden, geworden,** zijn **ge-**.)

❶ Wat is de infinitief van de volgende voltooide deelwoorden?

a. gelernt →...

b. gesprochen →...

c. gebadet →..

d. gewaschen →..

e. gefahren →...

f. erklärt →...

g. empfohlen →...

h. eingeladen →..

i. bezahlt →..

PASSIEVE VORM

2 **Zet de o.t.t.-zinnen om in v.t.t.-zinnen, en omgekeerd:**

a. Der Brief wird auf Deutsch übersetzt.
De brief wordt in het Duits vertaald.
....

b. Die Rechnungen sind alle geprüft worden.
De rekeningen zijn allemaal nagekeken (geworden).
....

c. Das Geschäft wird renoviert.
De winkel wordt gerenoveerd.
....

d. Die Geschäfte sind alle geschlossen worden.
De winkels zijn allemaal gesloten (geworden).
....

Het agens

In een passieve zin kan het agens (degene die handelt) vernoemd worden (zie voorbeelden verderop) of niet (zie voorbeelden hogerop). Om te zeggen "door" wie iets gedaan wordt, gebruikt men het voorzetsel **von** (+ datief), bv.:
Die Maus wird <u>von der Katze</u> gegessen. *De muis wordt <u>door de kat</u> (op)gegeten.*

Zet je deze zin in de actieve (of bedrijvende) vorm, dan wordt het agens onderwerp en het onderwerp lijdend voorwerp: <u>Die Katze</u> isst <u>die Maus</u>. *De kat eet de muis (op).*

PASSIEVE VORM

3 Zet de zinnen in de passieve vorm; let op de verbuiging achter **VON**:

a. Die Katze hat die Maus gegessen.
➜ ....

b. Die Sekretärin *(secretaresse)* schreibt den Brief.
➜ ....

c. Paul hat den Brief übersetzt.
➜ ....

d. Mein Großvater hat den Tannenbaum geschmückt *(dennen-, kerstboom versierd)*.
➜ ....

e. Picasso hat dieses Bild gemalt.
➜ ....

Passieve vorm bij een toestand

Er is ook een **passieve vorm om een toestand te beschrijven**: hulpwerkwoord **sein** *zijn* + **voltooid deelwoord**.

Onthoud in dit stadium gewoon als voorbeeld geöffnet oder geschlossen sein *(ge)open(d) of gesloten zijn*:
Sind die Geschäfte heute geöffnet?
Zijn de winkels vandaag open? – Nein, die Geschäfte sind heute geschlossen.
Nee, de winkels zijn vandaag gesloten.

4 Onthoud de nieuwe woorden en vertaal die welke we al zagen:

a. die Post ➜ ....
b. die Apotheke ➜ *de apotheek*
c. die Bäckerei ➜ ....
d. der Supermarkt ➜ ....
e. die Metzgerei ➜ ....
f. die Reinigung ➜ *de stomerij, droogkuis*
g. das Kino ➜ ....
h. die Buchhandlung ➜ *de boekhandel*

PASSIEVE VORM

5. Vertaal de volgende zinnen:

a. Is de stomerij vandaag open?
➜ ....

b. Ja, ze is van 8 uur tot 17 uur open.
➜ ....

c. De supermarkt is van 8 uur tot 21 uur open.
➜ ....

d. De bioscoop is in augustus gesloten.
➜ ....

f. De boekhandel is op zondag gesloten.
➜ ....

g. De apotheek is op 25 december gesloten.
➜ ....

h. Ja, maar ze is de 1e januari open.
➜ ....

Bravo, je bent klaar met hoofdstuk 30! Tijd om de icoontjes op te tellen en het resultaat over te brengen naar pagina 128 voor je eindevaluatie.

OPLOSSINGEN

Uitspraak en spelling

① a. schön b. gut c. spät d. früh e. bald f. schon g. mein h. Frau i. neu j. danke

② a. u > oe – ei > ai – s > z b. ch > ch – z > ts – ah > aa c. eu > oi – sch > sj – woh > voo d. uss > oes – auf > auf – w > v – s > z

1 Onvoltooid tegenwoordige tijd

① a. machst du b. Ich lerne c. macht er d. Ich schlafe.

②

ich	du	er/sie/es	wir	ihr	sie/Sie
wohne	wohnst	**wohnt**	wohnen	wohnt	wohnen
spreche	**sprichst**	spricht	sprechen	**sprecht**	sprechen
mache	machst	**macht**	machen	macht	**machen**
sehe	siehst	**sieht**	**sehen**	seht	sehen
sage	**sagst**	sagt	sagen	**sagt**	sagen
gehe	gehst	geht	gehen	**geht**	gehen

③

ich	du	er/sie/es	wir	ihr	sie/Sie
arbeite	arbeitest	arbeitet	arbeiten	arbeitet	**arbeiten**
heiße	heißt	heißt	**heißen**	heißt	heißen
lese	liest	**liest**	lesen	lest	**lesen**

④ a. Wer bist du? – Ich bin Paula. b. Wo seid ihr? – Wir sind hier. c. Du hast Glück, ich habe Pech. d. Habt ihr alles? – Ja, wir haben alles.

⑤ a. Wie alt sind Sie? b. Ich bin 19. c. Wie alt ist sie? d. Sie ist 19.

2 Persoonlijke voornaamwoorden

① a. sie b. er c. sie d. Sie e. sie f. ihr

② a. er/sie/es fährt, ich fahre, du fährst b. wir/sie/Sie sprechen, er/sie/es spricht, du sprichst c. ich bin, du bist, ihr seid d. er/sie/es hat, ihr habt, wir/sie/Sie haben

③ a. er b. es c. sie d. sie

④ a. ich heiße – heißt du b. kommst du – ich komme c. wohnst du – ich wohne d. gehst du e. heißen Sie f. kommen Sie – ich komme g. wohnen Sie – Ich wohne h. gehen Sie

⑤ a. Man sagt. b. Man hat. c. Man sieht. d. Man gibt. e. Man liest. f. Man geht.

3 Waar/waarheen/waarvandaan? – Plaatsnamen

① a. Wohin fahren sie? b. Wo wohnen Sie? c. Woher kommt ihr? d. Wo arbeitest du? e. Woher kommt sie?

② a. in b. nach c. nach d. in e. in f. nach g. aus

③ a. Sie arbeitet in der Schweiz. b. Er wohnt in den USA. c. Wir kommen aus der Türkei. d. Er fährt in die Schweiz.

④ Berlin / Deutschland / Deutsch – London / England / Englisch – Paris / Frankreich / Französisch – Athen / Griechenland / Griechisch – Madrid / Spanien / Spanisch – Peking / China / Chinesisch – Tokyo / Japan / Japanisch – Moskau / Russland / Russisch – Rom / Italien / Italienisch – Lissabon / Portugal / Portugiesisch – Rio de Janeiro / Brasilien / Portugiesisch – Wien / Österreich / Deutsch – Bonn / Deutschland / Deutsch – Dublin / Irland / Englisch

⑤ a. Keulen b. Beieren c. Lotharingen d. Wenen e. de Rijn f. de Elzas

4 Imperatief

① a. Komm! Kommt! Kommen Sie! b. Sprich! Sprecht! Sprechen Sie!

②

2e persoon enkelvoud	2e persoon meervoud	beleefdheidsvorm
Pass auf!	Passt auf!	Passen Sie auf!
Geh weg!	Geht weg!	Gehen Sie weg!
Bleib nicht da!	Bleibt nicht da!	Bleiben Sie nicht da!
Mach das!	Macht das!	Machen Sie das!

③ a. Seid b. Sei c. Seien Sie d. Sei

④ a. Gehen Sie geradeaus bis zum Marktplatz und nehmen Sie die zweite Straße links. b. Nimm die zweite Straße rechts und geh immer geradeaus bis zum Kino. c. Nehmen Sie die erste Straße rechts, dann die zweite links, dann die erste rechts.

⑤

a. das Krankenhaus b. die Post c. der Bahnhof
d. das Schwimmbad e. der Marktplatz f. das Kino

OPLOSSINGEN

2

	1	2	3	4	5	6	7	8
A							F	
B							A	
C							H	
D					L	E	R	N
E					E			
F					S			
G		S	A	G	T			
H		R						
I			B	L	E	I	B	T
J		E						
K		L	I	E	S			
L		T						
M		G	E	H				

3

J	A	U	G	U	S	T	F	R	A	O
B	R	E	I	S	A	T	B	M	M	K
I	Z	R	F	E	B	R	U	Ä	R	T
D	E	Z	E	M	B	E	R	R	U	O
U	J	U	N	I	M	U	I	Z	R	B
M	A	I	F	E	V	D	I	U	A	E
F	N	S	E	P	T	E	M	B	E	R
E	U	D	T	B	H	Z	J	U	L	I
O	A	P	R	I	L	I	R	P	A	G
L	R	E	N	O	V	E	M	B	E	R

4 a. Mein Geburtstag ist am Dienstag, den fünften Juni. **b.** Die Schule beginnt am Donnerstag, den achtzehnten April. **c.** Kommst du am Mittwoch, den zweiundzwanzigsten November? **d.** Was macht ihr am Samstag, den elften März?

5 a. Heute ist Donnerstag, der neunundzwanzigste Oktober. **b.** Heute ist Sonntag, der zehnte Mai. **c.** Heute ist Montag, der zwanzigste März.

6 a. im einundzwanzigsten Jahrhundert **b.** Ludwig der Vierzehnte **c.** Johannes Paul der Zweite **d.** im fünfzehnten Jahrhundert **e.** Napoleon der Erste

7 a. zum zweiten Mal **b.** zum dritten Mal **c.** zum letzten Mal

5 Nominatief

1 a. der **b.** ein **c.** der **d.** der **e.** die **f.** ein **g.** ein **h.** der **i.** das **j.** das

2 a. Der nächste **b.** ein **c.** eine **d.** die nächste **e.** billige

3 a. das alte Flugzeug **b.** die alten Flugzeuge; alte Flugzeuge **c.** der alte Bahnhof **d.** die alten Bahnhöfe; alte Bahnhöfe **e.** eine neue U-Bahn **f.** die neuen U-Bahnen; neue U-Bahnen **g.** ein großer Flughafen **h.** die großen Flughäfen; große Flughäfen

4 a. Was **b.** Wer **c.** Wer **d.** Was

5 a. diese junge Frau **b.** dieses kleine Mädchen **c.** diese kleinen Kinder

6 a. das alte Flugzeug **b.** der neue Zug **c.** die kleinen Kinder **d.** die hübsche Frau

7 a. ein guter Tipp **b.** eine tolle Idee **c.** das letzte Mal **d.** alte Geschichten.

6 Hoofdtelwoorden

1 a. fünfundzwanzig Euros **b.** fünfhundertsechzig Euros **c.** achtundsiebzig Euros **d.** sechstausenddreihundertsechsundneunzig Euros.

2 a. 732 **b.** 3 005 **c.** 4 882 **d.** 1 800 612

3 a. zweiundsiebzig durch sechs gleich **b.** zweitausenddreihundertsiebenundsechzig minus fünfhundert gleich **c.** tausendzweihundertdreiundvierzig plus dreihundertfünf gleich **d.** sieben mal neun gleich

4 a. 06:30 **b.** 09:40 **c.** 20:15 **d.** 00:00

5 a. zwanzig nach sieben / sieben Uhr zwanzig **b.** zehn nach sieben / neunzehn Uhr zehn **c.** Viertel nach neun / neun Uhr fünfzehn **d.** Viertel nach zehn / zweiundzwanzig Uhr fünfzehn **e.** halb sechs / fünf Uhr dreißig

7 Rangtelwoorden

1 a. der vierte **b.** der dreizehnte **c.** der neunte **d.** der zweiundzwanzigste **e.** der fünfzigste **f.** der einundsechzigste

2 a. Wir fahren am vierzehnten Juli los. **b.** Wir feiern Weihnachten am vierundzwanzigsten Dezember. **c.** Wir arbeiten nicht am ersten Januar. **d.** Dieses Jahr ist Ostern am siebzehnten April.

8 Geslacht en meervoud van zelfstandige naamwoorden

1 a. cijfer **b.** op -um **c.** mannelijk persoon **d.** op -heit **e.** jong persoon **f.** moment van de dag **g.** vrucht **h.** dag van de week

2

der	die	das
Mann	Rose	Deutsch
Junge	Frau	Rot
Sommer	Bäckerei	Museum
Juli	Drei	Kalb
Morgen	Mutter	Essen
	Übung	Mädchen
	Wohnung	B

3 a. die Tage **b.** die Franzosen **c.** die Brüder **d.** die Briefe **e.** die Stühle **f.** die Tische **g.** die Vögel **h.** die Wagen **i.** die Berufe

4 a. die Schwestern **b.** die Freundinnen **c.** die Hände **d.** die Städte **e.** die Tanten **f.** die Blumen **g.** die Wohnungen **h.** die Sprachen **i.** die Lehrerinnen

5 a. die Kinder **b.** die Mädchen **c.** die Bücher **d.** die Fenster **e.** die Bilder **f.** die Zimmer

6 a. der Hut **b.** der Mantel **c.** der Rock **d.** das Kleid **e.** die Hose **f.** der Schuh **g.** der Strumpf **h.** das Hemd **i.** die Bluse

9 Accusatief

1 a. den großen Schrank **b.** einen großen Tisch **c.** ein kleines Haus **d.** ein großes Sofa **e.** das große Bett **f.** einen großen Garten **g.** den großen Stuhl **h.** eine große Wohnung **i.** einen großen Teppich **j.** große Schlüssel

OPLOSSINGEN

2 a. den kleinen Stuhl b. eine Lampe – die neue Wohnung c. ein neues Telefon d. einen großen Garten e. die Reform f. Was g. die Kinder h. Wen – den Herrn i. möbliertes Zimmer

3 a. sie b. ihn c. es d. uns e. dich f. mich

4 a. einen b. einen – keinen c. eins d. keine e. eins

5 a. Hast du Geld? b. Wir haben Durst. c. Ich habe Pech. d. Hast du die Tasche? e. Hat er den Schlüssel? f. Sie haben Glück.

10 Vragen

1 a. Kommt ihr aus München? b. Liest du ein neues Buch? c. Sehen die Kinder einen Film?

2 a. Wo b. Was c. Wie d. Wen e. Wohin f. Wann g. Warum h. Wie i. Wer j. Woher

3 a. Welche b. Welches c. Welches d. Welchen e. Welche f. Was für ein g. Was für Bücher

4 a. Wie spät b. Wie alt c. Wie viel

5 a. Warum b. Wie c. Wer – was

6 a. ob b. wann c. woher d. wo e. wohin f. wie g. warum

11 Antwoorden

1 a. Nein b. Nein c. Doch d. Ja e. Ja f. Nein

2 a. Pech b. Dienstag c. März d. Hunger

3 a. Doch, ich sehe sie. b. Ja, ich kenne ihn. c. Nein, er kennt sie nicht.

4 a. nicht b. nicht c. nicht d. nicht e. kein f. keine

5 1-a 2-a 3-a 4-b

6 a. Ich brauche kein Geld. b. Ich habe keine Zeit. c. Ich trinke kein Bier. d. Ich habe keinen Durst. e. Ich esse kein Fleisch. f. Sie hat kein Salz.

12 Datief

1 a. einer guten Bäckerei b. dem großen Supermarkt c. dem neuen Geschäft d. den kleinen Geschäften

2 a. dem Herrn b. Wem c. dem Deutschlehrer d. von einem kleinen Mädchen e. den Kindern f. mit dem neuen Computer g. nach der Arbeit h. seit einem Jahr i. aus der Türkei j. den kleinen Kindern

3 a. zu b. zur c. bei d. von e. zur f. vom

4 a. dir b. mir c. uns d. dir e. euch f. uns

5 a. Uns ist warm. b. Ihnen ist kalt. c. Ist euch warm? d. Ist ihr kalt? e. Ist Ihnen kalt? f. Ihm ist warm.

6 a. Wie geht es euch? – Gut danke. Und euch? b. Wie geht es dir? – Gut danke. Und dir?

13 Bezittelijke voornaamwoorden

1 a. unser b. deine c. ihr d. euer e. seine f. mein

2 a. sein b. ihre c. ihr d. ihr e. seine

3

	mannelijk	vrouwelijk	onzijdig	meervoud
accusatief	deinen	deine	dein	deine
datief	deinem	deiner	deinem	deinen

	mannelijk	vrouwelijk	onzijdig	meervoud
accusatief	unseren	unsere	unser	unsere
datief	unserem	unserer	unserem	unseren

4 b. de ouders b. de vader c. de moeder d. de dochter e. de zoon f. de broer g. de zus h. de oom i. de tante j. de Großmutter k. der Großvater

5 a. ihrem b. ihren c. deine d. euren e. unserem f. Meine g. eure h. ihren

6 a. euer b. mein c. Ihre d. dein e. deine f. unsere

14 Modale werkwoorden

1 a. arbeiten b. machen c. gehen d. lernen e. kommen f. schreiben g. wohnen h. fahren

2 a. Du sollst b. Er muss c. wir müssen d. sollst du

3 a. Wir wollen b. Magst du c. Ich möchte d. Möchtet ihr

4 a. Können Sie b. Ich kann c. Er darf d. darfst du

5 a. Kannst du b. Du musst c. Ihre Eltern wollen d. Sie darf e. Möchtet ihr

6 a. Wir können nach Berlin fahren. b. Ich möchte in Italien arbeiten. c. Wann möchtet ihr essen? d. Ich kann nicht kommen. e. Darf man hier rauchen?

7 1-d 2-b 3-c 4-a

15 Voltooid tegenwoordige tijd

1 a. geschickt b. gefragt c. gewohnt d. gearbeitet e. gekostet f. studiert g. gehabt h. gekauft

2 a. geschrieben b. gesehen c. geholfen d. gegangen e. geflogen f. geblieben

3 a. Ich bin b. Ich bin c. Ich habe d. Ich bin e. Ich habe f. ich habe g. wir haben

4 1-e 2-d 3-g 4-a 5-h 6-c 7-b 8-f

16 Onvoltooid verleden tijd

1

ich	du	er/sie/es	wir	ihr	sie/Sie
machte	machtest	machte	machten	machtet	machten
kam	kamst	kam	kamen	kamt	kamen

2 a. heiratete b. schicktest c. arbeiteten d. kostete e. zahltet f. studierten g. wohnten

3
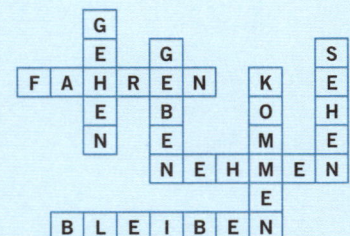

4 a. war – hatte b. habe – bin c. hattest d. hast e. hattet – wart – hattet f. habt g. seid – habt

5 a. Wir konnten b. durfte man c. mochte ich d. Ihr solltet e. Ich wollte f. Ihr musstet

6 1-b 2-c 3-b 4-a 5-d

OPLOSSINGEN

17 Toekomende tijd

① c. kopen e. rijden, varen, gaan/vertrekken (met een voertuig) g. komen h. werken

② a. Ich werde ein Auto kaufen. b. Ihr werdet eure Tante besuchen. c. Er wird dich anrufen. d. Wir werden gut arbeiten. e. Du wirst nach Berlin fliegen.

③ a. Morgen schneit es. b. Im Juli fahre ich ans Meer. c. Ich werde kommen. d. Wir werden ihn treffen.

④ 1-b 2-e 3-d 4-c 5-a

⑤ a. Sie will Architektin werden. b. Er will Ingenieur werden. c. Sie will Musikerin werden. d. Er will Informatiker werden. e. Sie will Journalistin werden. f. Er will Maler werden.

⑥

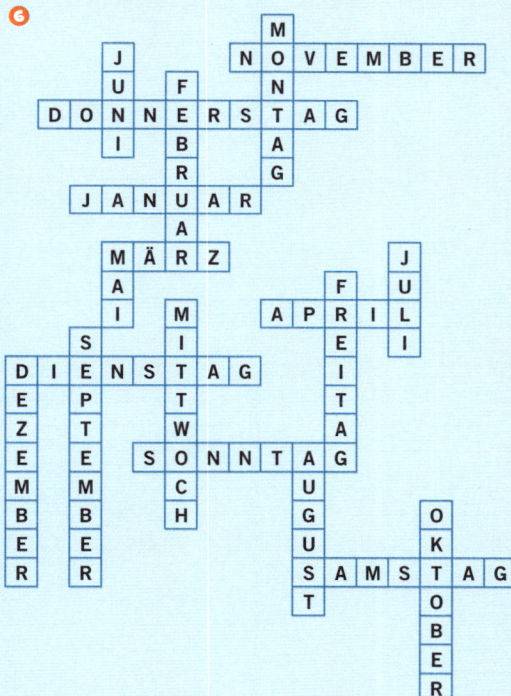

18 Zinsbouw – volgorde lijdend/meewerkend voorwerp

① a. kaufe b. schreibt c. leihe d. erklärt

② a. Wir schenken dem Jungen eine Uhr. b. Wir schenken sie dem Jungen. c. Ich leihe dem Kind den Ball. d. Ich leihe ihn ihm. e. Ich leihe ihm den Ball.

③ a. Gib ihm das Geld! b. Gib es dem Mann! c. Gib es ihm! d. Erklär sie mir! e. Erklär ihr die Übung!

④ a. Ich schreibe dem Lehrer eine lange Mail. b. Morgen schickt er dir einen Brief. c. Die Mutter kauft den Kindern einen neuen Ball. d. Er schenkt es mir. e. Wir schicken deiner Mutter ein Selfy.

⑤ 1-c 2-a 3-e 4-b 5-d

⑥ a. Wem schreibt sie eine Mail? b. Wer schreibt seiner Mutter eine Mail? c. Was schreibt sie ihrer Mutter?

⑦ a. Ich wünsche Ihnen alles Gute zum Geburtstag. b. Er wünscht dir viel Glück. c. Wir wünschen euch frohe Weihnachten. d. Ich wünsche euch ein frohes neues Jahr.

19 Zinsbouw – hoofdzin/bijzin

① a. Heute arbeiten Paul und Sabine nicht. b. Hier darfst du nicht rauchen. c. Um 8 Uhr hat der Film angefangen. d. Dir sage ich nichts.

② a. Meine Eltern können am Mittwoch kommen. Am Mittwoch können meine Eltern kommen. b. Er will morgen nach Wien fahren. Morgen will er nach Wien fahren. c. Wir können vielleicht kommen. Vielleicht können wir kommen.

③ a. Er kommt nicht, weil er keine Zeit hat. b. Er sagt, dass er im Juli in die USA fliegen möchte. c. Er kommt nicht, weil er morgen arbeiten muss. d. Er sagt, dass er gut geschlafen hat.

④ a. Wenn es Stau gibt, fahre ich mit dem Zug. b. Wenn ich eine Antwort habe, schreibe ich dir. c. Du kannst bei Petra wohnen, wenn du nach München kommst. d. Ich kaufe ein neues Auto, wenn ich Geld habe. e. Wenn meine Mutter Zeit hat, kommt sie.

⑤ a. ob b. ob c. wenn d. ob – wenn e. ob

⑥ a. Er bleibt zu Hause, denn es ist kalt. b. Er kommt nicht, weil es warm ist. c. Ich komme nicht, weil es sehr kalt ist.

20 Voorzetsels met accusatief/datief

① a. in die b. ins c. im d. am e. in der f. ans

② a. Ich gehe ins Badezimmer. b. Dein Buch ist im Schlafzimmer. c. Meine Freundin schläft im Wohnzimmer. d. Komm in die Küche! e. Geh nicht ins Schlafzimmer!

③ a. Liegst du im Bett? b. Ja, ich liege im Bett. c. Wir liegen im Bett.

④ a. stellen b. sitzt – sitze c. hängen d. liegt e. gestellt f. liegt – gelegt

⑤ 1-a 2-c 3-b 4-e 5-d 6-f

21 Genitief

① a. das Buch der Frau b. das Buch des kleinen Mädchens c. die Eltern der Kinder d. die Adresse eines guten Restaurants e. das Buch der Kinder f. der Stock einer alten Frau g. der Preis alter Häuser

② a. Wessen Schlüssel ist das? b. Wessen Hut ist das? c. Wessen Hose ist das?

③ a. das Buch vom Mann b. die Eltern vom Kind c. das Haus von ihrer Freundin d. das Auto von meinen Eltern

④ a. wegen des schlechten Wetters b. während des Films/Filmes c. während des Kurses d. wegen seines Bruders

⑤ a. Sabines Mutter b. die Eltern von Luis c. die Mutter von Eva d. Paulas Bruder

22 Wederkerende werkwoorden

① a. Ich freue mich. b. Wir treffen uns gleich. c. Freut er sich auch? d. Ja, er freut sich auch. e. Liebt ihr euch? f. Ja, wir lieben uns. g. Oh! Sie küssen sich.

② a. Du wäschst dich. b. Die Kinder ziehen sich an. c. Wir putzen uns die Zähne.

OPLOSSINGEN

③ a. Ich kaufe mir b. Kaufst du dir c. Er macht sich

④

sich beeilen	sich die Zähne putzen
Beeil dich!	Putz dir die Zähne!
Beeilt euch!	Putzt euch die Zähne!
Beeilen Sie sich!	Putzen Sie sich die Zähne!

⑤ Crossword: KOSTEN, KAUFEN, NEHMEN, SPRECHEN, LIEBEN, LESEN, HABEN, SPIELEN, KOMMEN, SSEN, WISSEN, WOHNEN, GEHEN, GEBEN, TRINKEN, NENNEN, SEHEN, SEIN

23 Scheidbare/onscheidbare werkwoorden

① a. Ich verstehe das nicht. – Kannst du es mir erklären? b. Wir haben 5 zu 1 gewonnen. c. Habe ich Post bekommen? d. Wie viel hast du für das Kino bezahlt? e. Hast du dich für die Verspätung entschuldigt? f. Was empfehlen Sie mir?

② a. Ich habe das Fenster zugemacht! b. Sabine hat uns zu ihrer Party eingeladen. c. Kannst du bitte die Tür aufmachen? d. Mach bitte das Licht an! e. Habt ihr alles eingekauft? f. Der Film hat schon angefangen.

③ a. Bitte wiederholen Sie Ihren Namen! b. Umfahren Sie die Stadt! c. Ich habe ihn nach 10 Jahren wiedergesehen. d. Wo seid ihr umgestiegen?

④ a. Geh doch hin! b. Gehst du hin? c. Kommen Sie her! d. Kommt her!

24 Werkwoorden met een vast voorzetsel

① a. Paula träumt von einem guten Schokoladenkuchen. b. Peter träumt von einer Insel im Pazifik. c. Die Kinder träumen von neuen Spielsachen.

② a. Ich warte auf den Bus. b. Ich danke dir für das Geschenk. c. Ich denke oft an diese Tage in Paris. d. Ich möchte dich zu meiner Party einladen. e. Man gewöhnt sich schnell an den Luxus. f. Ich fange mit einem Bier an. g. Ich gratuliere dir zum Geburtstag.

③ a. auf b. über c. auf d. über e. über

④ a. Ja, ich kann mich sehr gut an ihn erinnern. b. Ich warte auch auf sie. c. Ich warte auch darauf. d. Ich beginne auch damit. e. Ich denke auch oft an ihn. f. Ich muss mich auch daran gewöhnen.

⑤ a. Worauf b. Womit c. Auf wen d. Worüber e. In wen f. Worauf

25 Vergelijken

① b. klein c. groot e. mooi, knap, leuk,... g. donker h. lang i. zwaar, moeilijk

②

gelijkheid	vergrotende trap	overtreffende trap
a. Paul ist so dick wie ich.	**Paul ist dicker als ich.**	e. Paul ist am dicksten.
b. Paul ist so schlank wie ich.	c. Paul ist schlanker als ich.	**Paul ist am schlanksten.**
Paul ist so klein wie ich.	d. Paul ist kleiner als ich.	f. Paul ist am kleinsten.

③ a. Ich esse so viel wie du. b. Sie ist größer als er. c. Eva ist hübscher als Sabine. d. Wer ist am kleinsten? e. Ich esse weniger als du. f. Ich bin am schlanksten.

④

	vergrotende trap	overtreffende trap
die helle Hose	die hellere Hose	die hellste Hose
das schöne Auto	**das schönere Auto**	das schönste Auto
die einfachen Übungen	die einfacheren Übungen	**die einfachsten Übungen**
der junge Mann	der jüngere Mann	der jüngste Mann

⑤ a. Ja, aber ich kenne ein billigeres Hotel. b. Für mich bist du die schönste Frau der Welt. c. Ich nehme den früheren Zug. d. Der Nil ist der längste Fluss der Welt. e. Hast du keine größere Tasche. f. Zieh dein schönstes Kleid an.

⑥ a. mehr – am meisten. b. höchste. c. teurer d. am besten isst e. dunkleren f. näher

26 Smaak en voorkeur

① a. lieber b. am liebsten c. lieber d. Am liebsten e. lieber f. gern g. lieber

② a. Ich habe Grün gern. b. Ich habe Rot lieber als Blau. c. Was hast du am liebsten? Weiß, Braun oder Schwarz?

③ a. das Lieblingsbuch - het lievelingsboek b. die Lieblingslehrerin - de lievelingslerares c. die Lieblingssprache - de lievelingstaal d. das Lieblingsland - het lievelingsland

27 Voorwaardelijke wijs

① a. Ich würde nach Berlin fahren. b. Wir würden ihm eine Mail schreiben. c. Wohin würde er gehen? d. Würdest du eine Mail schreiben?

② a. Was würdest du machen? b. Ich würde nicht arbeiten. c. Ich würde immer bis Mittag schlafen. d. Ich würde ein schönes Haus kaufen. e. Ich würde viel reisen. f. Und ich würde dich heiraten.

OPLOSSINGEN

3 a. Sie wollten b. ihr dürftet c. ich könnte d. wir müssten e. du möchtest f. er wüsste

4 a. Möchtest du b. Könntet ihr c. würden Sie … fahren d. sollte e. Meine Kinder würden … gehen f. Es wäre g. Er würde … lernen.

5 a. Wenn wir Geld hätten, würden wir ein schönes Haus kaufen. b. Wenn er eine Arbeit findet, kann er in München bleiben. c. Wenn ich krank bin, arbeite ich nicht. d. Wenn du reich wärst, würde ich dich heiraten.

28 Beknopte bijzinnen

1

werkwoord	scheidbaar	onscheidbaar	vertaling
anfangen	×		aanvangen, beginnen
anrufen	×		(op)bellen
erklären		×	verklaren
wiederholen		×	herhalen
gewinnen		×	winnen
bezahlen		×	betalen
einladen	×		uitnodigen

2 a. / b. zu c. / d. zu e. / f. zu

3 a. Ich plane, eine Reise nach Japan zu machen. b. Ich versuche, morgen um 5 Uhr aufzustehen. c. Ich freue mich, alle meine Freunde einzuladen.

4 a. Ich habe Lust, eine große Party zu machen. b. Sie hat Lust, nach China zu fliegen. c. Er hat Lust, sich ein neues Auto zu kaufen. d. Er hat Lust, ins Kino zu gehen.

5 a. Ich brauche das Deutschbuch, um für die Prüfung zu lernen. b. Er fährt nach Berlin, um seine Tante zu besuchen. c. Wir kaufen einen neuen Ball, um Fußball zu spielen. d. Ich rufe dich an, um dir alles zu erzählen.

6 a. können b. gehen c. bleiben d. haben e. lesen f. anfangen g. helfen h. dürfen i. wollen j. wissen

29 Betrekkelijke bijzinnen

1 Du bist die Frau, die ich liebe. Und du bist der Mann, den ich liebe.

2 a. das b. die c. dem d. die e. denen f. der

3 a. Das kleine Mädchen, das immer mit mir spielt, heißt Sabine. b. Der Kuchen, den du gekauft hast, ist gut. c. Das Auto, das ich kaufe, ist teuer.

4 a. die b. dem c. die d. denen

5 a. Das ist das Buch, mit dem ich arbeite. b. Das ist das Buch, mit dem ich gearbeitet habe. c. Das ist die Frau, bei der wir waren.

6 a. die Familie b. die Leute c. Der Freund d. Das Buch e. Die Blumen f. einen Bäcker

30 Passieve vorm

1 a. lernen b. sprechen c. baden d. waschen e. fahren f. erklären g. empfehlen h. einladen i. bezahlen

2 a. Der Brief ist auf Deutsch übersetzt worden. b. Die Rechnungen werden alle geprüft. c. Das Geschäft ist renoviert worden. d. Die Geschäfte werden alle geschlossen.

3 a. Die Maus ist von der Katze gegessen worden. b. Der Brief wird von der Sekretärin geschrieben. c. Der Brief ist von Paul übersetzt worden. d. Der Tannenbaum ist von meinem Großvater geschmückt worden. e. Dieses Bild ist von Picasso gemalt worden.

4 a. post c. bakkerij d. supermarkt e. slagerij g. bioscoop

5 a. Ist die Reinigung heute geöffnet? b. Ja, sie ist von 8 Uhr bis 17 Uhr geöffnet. c. Der Supermarkt ist von 8 Uhr bis 21 Uhr geöffnet. d. Das Kino ist im August geschlossen. e. Die Buchhandlung ist am Sonntag geschlossen. f. Die Apotheke ist am 25. Dezember geschlossen. g. Ja, aber sie ist am 1. Januar geöffnet.

Iconografische credits

Shutterstock: 6gasix: 73bd; Alemon cz: 53b; Aleutie: 99bd, 112m; Alex Gorka: 24; AMV_80: 90md; andreysharonov: 57mg, 96bg; andromina: 32h; angkrit: 55bd; Anthony Krikorian: 70m; Antikwar: 10m, 104bg, 106h; Ariadna Ada Sysoeva: 19; Artisticco: 32b; AVA Bitter: 86hd, 100; Azaze11o: 72bg; Beresnev: 35h; bilha golan: 18bd; BIT.GAMES studio: 85b; BoBaa22: 47b, 98h; Bplanet: 29h, 68b, 72m, 75, 93hg; Christos Georghiou: 113hd; COCOart: 114; Creatarka: 15b, 13b, 95bg, 117; Crystal Eye Studio: 6b; dashadima: 120; eatcute: 38hg, 58bg; ElenaShow: 119b; Ellagrin: 11b; ERSP: 97hd; Evellean: 27, 30b, 73hg; feelplus: 115mg; file404: 40hd; Filip Bjorkman: 77b; filip robert: 47mg; Flat Design: 72h; forden: 9h; Forman: 59; Fotinia: 35m, 35b, 83b, 90h; Grimgram: 1 1mg; Gurza: 81b; Helen Cingisiz: 3b, 116mg; Ho Yeow Hui: 16, 82b; Iconic Bestiary: 18bm, 34b, 36h; Incomible: 40bg, 40bd, 57bd, 62bg, 81m, 94mg, 105; iNueng: 17h; Irina Kostyuk: 41bg, 86mg; Iveta Angelova: 67hg; jazzia: 120m; jesadaphorn: 7b, 8b, 15h, 18h 20, 21, 44hg, 45d, 46, 57hd, 90, 116hd; Johavel: 99h; Julia Tim: 9b, 18bg, 29b, 56, 109; ulie A. Felton: 51, 107hd; kmlmtz66: 11h, 25b, 106b, 108h; LanaN: 111b; Lindwa: 11 hd; Lorelyn Medina: 112h; LOVE YOU: 89h, 89b; Iurii Augulis: 110; Iyeyee: 91hg; Lyudmyla Kharlamova: 67b, 85hd; Macrovector: 5m, 5b, 6m, 7h, 12, 38d, 38bg, 39, 41hd, 42m, 42bg, 43, 50hd, 64, 48, 52, 58hg, 58md, 76bd, 93b, 96m, 115hg, 115bd, 121; majivecka: 88; mamanamsai: 47hd; Margarita Levina: 14m, 81hg; Marish: 65, 84, 92b; Marza: 70hg; Mascha Tace: 22b, 37gh, 37gm, 37gd, 79m, 82h; Max Griboedov: 53hg; Meilun: 5hd, 5hg, 22h, 42hg; microvector: 55h, 68h; Mirror: 69h; mirrra3: 23; Mix3r: 13m; Natalia Aggiato: 3hg, 3hm, 3hd; Natalia Toropova: 79h; NataliaProkofyeva: 95h; Naty_Lee: 14bd; Nikiteev_Konstantin: 37d, 71bd; NokHoOkNoi: 83m; notkoo: 97bg; Olga1818: 33b, 74mg, 74md, 74hg, 87, 113bg, 119m; openeyed: 102b; Orion-v: 18dm; Paola Canzonetta: 31; patpat: 49b; phloxii: 36b, 94bd; rachisan alexandra: 34h; Rimma Rii: 80; Robert Biedermann: 63; Romashechka: 83hd; schab: 76hd, 76hd; Sentavio: 28b, 45hg; Sergei Mokhov: 54; sibgat: 44md, 44bg; sir.Enity: 14h, 18gm, 98bd; SlyBrowney: 103hg, 104d, 108bg; Smart Design: 50m, 86b; stefanoobsession: 101; Stoker-13: 10dh, 10gh, 77h; Tarchyshnik Andrei: 71hg; theromb: 102g; Tomasz Makowski: 14gb; Tomnamon: 107b; tsirik: 4h; vanillamilk: 33h; vasabii: 25h, 86h; VAZZEN: 103bd; Vector Bakery: 30m; Vector pro: 74hg; venimo: 92h; Victor Metelskiy: 28h; VIGE.CO: 49m, 91b, 118; vladmark: 73m; warawiri: 89h; whanwhan.ai: 69m, 69b; wibowo: 5mg, 5md; wongstock: 26; yoshi-5: 66; Zygotehaasnobrain: 17b, 50bd. DR: 4b, 8m, 13h, 15b, 18m, 23bd, 60, 61, 62m, 66, 67m, 78, 94hd.

Cover: MediaSarbacane

ZELFEVALUATIE

Gefeliciteerd! Je bent aan het einde van dit werkboek aanbeland! Tijd om je kennis op te meten en dus alle icoontjes op te tellen voor je eindevaluatie. Breng het resultaat van elk hoofdstuk over in onderstaande vakjes en bepaal dan het aantal icoontjes per kleurcategorie. Benieuwd hoe je het ervan afgebracht hebt?

Hoofdstuk	p.	🙂	😐	☹️
Uitspraak en spelling	3			
1. Onvoltooid tegenwoordige tijd	5			
2. Persoonlijke voornaamwoorden	8			
3. Waar/waarheen/waarvandaan? — Plaatsnamen	12			
4. Imperatief	16			
5. Nominatief	20			
6. Hoofdtelwoorden	24			
7. Rangtelwoorden	28			
8. Geslacht en meervoud van zelfstandige naamwoorden	32			
9. Accusatief	36			
10. Vragen	40			
11. Antwoorden	44			
12. Datief	48			
13. Bezittelijke voornaamwoorden	52			
14. Modale werkwoorden	56			
15. Voltooid tegenwoordige tijd	60			

Hoofdstuk	p.	🙂	😐	☹️
16. Onvoltooid verleden tijd	64			
17. Toekomende tijd	68			
18. Zinsbouw – volgorde lijdend/meewerkend voorwerp	72			
19. Zinsbouw – hoofdzin/bijzin	76			
20. Voorzetsels met accusatief/datief	80			
21. Genitief	84			
22. Wederkerende werkwoorden	88			
23. Scheidbare/onscheidbare werkwoorden	92			
24. Werkwoorden met een vast voorzetsel	96			
25. Vergelijken	100			
26. Smaak en voorkeur	104			
27. Voorwaardelijke wijs	106			
28. Beknopte bijzinnen	110			
29. Betrekkelijke bijzinnen	114			
30. Passieve vorm	118			

Totaal van alle hoofdstukken ....

Je hebt vooral...

 Bravo! Je beheerst de basis van de Duitse taal en bent nu klaar voor een vervolgcursus!

 Niet slecht! Maar het kan nog beter… Maak de oefeningen die je moeilijk vond opnieuw en lees de lessen nog eens na!

 Doorzetten! Je zit een beetje vast… Neem het hele werkboek opnieuw door. Lees de lessen aandachtig alvorens de oefeningen te maken.

Grafisch ontwerp: MediaSarbacane
Opmaak: Aurélia Monnier voor Céladon éditions
Realisatie: Céladon éditions, www.celadoneditions.com

© 2025 Assimil
Wettelijk depot: januari 2025
Uitgavenr.: 4402
ISBN: 978-2-7005-0977-9
www.assimil.com
Gedrukt in Roemenië door Master Print